新・中学受験は自宅でできる

― 学習塾とうまくつきあう法 ―

著者　石川久雄・水島 酔
発行　認知工学

も　く　じ

まえがき　　　　　　　　　　　　4

【認識編】
第一章、ふるい（篩）効果
　■ふるい（篩）効果とは　　　　　　8
　■ふるい効果の三段階　　　　　　　9
　■ふるい効果を生かす「競争原理」と
　　　「偏差値絶対神話」　　　　　1４

第二章、難問を教え込む4つの弊害
　■年少の子ほどおちいり易い
　　　「教えられ中毒症候群」　　　1６
　■真面目な子ほどおちいり易い
　　　「ぶらさがり症候群」　　　　2０
　■ほとんどの子がおちいる
　　　「勉強嫌い症候群」　　　　　2１
　■教え込まれれば教え込まれるほどおちいり易い
　　　「とにかく答を出す症候群」　2２

第三章、理解していないのに問題の答が合うことってあるの？
　■「答が合う」ことと「理解する」ことは
　　　イコールではない。　　　　　2４
　■割り切れる組合わせで計算して答が
　　　合ってしまう「あてはめ症候群」　2４
　■公式を暗記してなんとか当てはめて解く
　　　「丸暗記良い子症候群」　　　2６
　■『理解』することが学力の根本　2８

第四章、子どもの発達と理解の三段階
　■第一段階　直感的理解　　　　　2９
　■第二段階　論理的理解　　　　　2９
　■第三段階　構造的理解　　　　　3３

第五章、学力の三要素
　■読解力　　　　　　　　　　　　3６
　■思考力　　　　　　　　　　　　4２
　■記憶力　　　　　　　　　　　　4３
　■テレビ、テレビゲーム、スマホの弊害　4４

【実践編】

第六章、読解力の伸ばし方
　　■読解力とは　　　　　　　　　　　　４９
　　■十回音読　　　　　　　　　　　　　５１
　　■１日１０分から始める読書の時間　　５３
　　■低学年には読み聞かせから　　　　　５４
　　■読み方・意味から始める漢字や熟語　５７
　　■文の構成の理解　　　　　　　　　　５９

第七章、思考力の伸ばし方
　　■パズルで伸ばす　　　　　　　　　　６０
　　■論理ゲームで伸ばす　　　　　　　　６１
　　■発達段階と思考　　　　　　　　　　６２

第八章、記憶力の伸ばし方
　　■電話帳型記憶から顔形記憶へ　　　　６４
　　■日付けと印で忘れたころに記憶しなおす　６５
　　■寝る子は覚える　　　　　　　　　　６７

第九章、良い教材の選び方
　　■やってみて７割以上は自力でできる教材　６９
　　■難易度の相関と進展　　　　　　　　７０
　　■初級者ほど書き込み式がよい　　　　７１

第十章、失敗しない課題の与え方の３原則
　　■「やってみる？」「うん、やってみる！」　７２
　　■鬼ババから良きコーチへ　　　　　　７３
　　■金メダルも復習から　　　　　　　　７６

第十一章、子どもを伸ばす中学受験の３原則
　　■成績ではなく学習姿勢と到達度を評価する　７８
　　■学力を伸ばすチャンスとしての受験勉強　８２
　　■子どもの心を育てる大きな親の心　　８３

第十二章、子供の学力を伸ばしてくれる良い学習塾
　　■学習塾は営利企業だ　　　　　　　　８４
　　■学習塾チェック項目１０　　　　　　８４

ま え が き

　「中学受験は自宅でできる」を上梓して、はや１５年が過ぎました。当時の生徒たちは成人し、また結婚し、お父さん、お母さんになっていたりします。また学校の先生となって、今度は自分が子どもを教え育てる立場になっていたりします。

　「中学受験は自宅でできる」はおかげさまで１２刷を数え、今でも多くの方に読んで頂いています。しかしながら、１５年の間に、教育事情も子どもを取り巻く社会のようすも、大きく変わりました。

　例えば、進学塾ブームの一端を担いだいわゆる「ゆとり教育」が終了し、「脱ゆとり」として、2000年以前には及ばないものの、の授業時間は復活する傾向にあります。

　また「テレビ離れ」と言われ視聴人口は減っているようですが、その分「スマホ」という新しい文明の利器が登場し、子どもの興味はそちらへ移っています。文明社会に生きている以上、進歩、技術革新といったものから避けて通れない私たちは、新たな道具との付き合い方を考えなければなりません。

　技術はどんどん進んでは行くものの、「人間」という生物そのものが１０年、２０年で進化することはありえません。例えば、子どもに必要な「睡眠時間」が、１０年、２０年で変わるわけもなく、子どもの心身に有益な睡眠は、１００年前、１０００年前と同じです。

　だから、私たちがずっと以前より主張しています子どもの睡眠について、それが正しいのです。そしてその正しさの科学的実証が、近年どんどんなされてきています。人間の身体・生理は１００年前、１０００年前と変わらないながら、脳科学における技術革新は、脳の状態をリアルタイムでとらえられるようになり、科学的実証でもって、私たちに「睡眠」の重要性を突きつけてきています。

　この事実に抗えない進学塾は、こっそりと主張を変えてきています。１０年以上前なら、塾説明会で「深夜０時、１時に寝ているようでは、難関校合格はありえない！」「５当６落（５時間睡眠なら合格、６時間以上寝ているようでは合格できない）」などと檄を飛ばしていたものの、数年前からは「睡眠は大切ですから、夜更かしさせないで眠らせるようにしてください」と、言うようになってきました。こっそりながらでも、事実に即した内容に訂正するのは、まだ少しは良心的で、

その変化は「中学受験は自宅でできる」などにおける私たちの長年の主張が社会に受け入れられてきた結果なのだと、密かに自負している次第です。

　こういう社会の変化は、「中学受験は自宅でできる」の内容と現在の情勢とを、多少なりとも隔てることになってしまっています。「中学受験は自宅でできる」を廃版にして新たに書くという案もありましたが、読者のみなさまのおかげで現在も読まれ続けているものをなくしてしまうのはもったいないという意見も多くいただきまして、「中学受験は自宅でできる」の内容を見直し、現在の社会情勢に通用するような形に大幅に書き換えて、新たに「新・中学受験は自宅でできる」として本書を上梓することにいたしました。

旧版　まえがき

　現在、小学生のおよそ四割弱、中学生では何と七割強の子供が学習塾へ通っています（公立校の場合　文部省平成 10 年統計）。本来、学習塾というのは学力を上げるための場であるはずです。したがって、ほとんどの子供が学習塾へなど通っていなかった私たちの子供の頃と比べれば、当然今の子供たちの方が全般に学力が高いはずです。しかし実際はどうでしょうか。昨今、教育各界で問題にされているのは、最近の子供たちの「学力低下」です。特に大学では、義務教育程度の基礎的な学力（計算力、読解力）さえ持たない学生が増えているため授業が成立せず、大きな社会問題となっています。かつてに比べてこんなにも学習塾が盛んなのに、どうして子供たちの学力は低下しているのでしょうか。

　その理由について、社会環境の変化、文部科学省の学習指導要領の改定などいくつかの要因が識者により指摘されています。しかしそれら以外に「果たして学習塾は子供たちの学力を上げることに、本当に役立っているのか？」という素朴な疑問を原点として、私たちは学習塾の子供たちに与えている影響をもう少し深く掘り下げて考えてみたいと思っています。

　果たして学習塾は、子供たちの学力を上げることに、本当に役立っているのでしょうか。私たちは経験上、それは「イエス」とも言えるし「ノー」とも言えると考えています。「イエス」とも「ノー」とも言える。ここで注目して頂きたいのは「ノー」と言える場合があることです。子供の学力を上げるためのツールである「学習塾」が、必ずしも子供の学力を上げてはいない、場合によっては子供の学力に悪い影響を与えていることがあるという事実です。そんなバカな。少なからぬお金と子供の貴重な時間を費やして学習塾へ通いながら、それでどうして学力が上がらない、それどころか学力が下がってしまうようなことなどあっていい訳がない。塾の費用を支払い、子供の成長に責任を持たねばなない保護者の方々であれば、このようにお憤りになるのも無理はありません。

　しかし学習塾へ通って、学力の上がった子、変わらない子、下がった子がいるのは現実なのです。みかんを大箱で買ったら、一つや二つ腐ったものがあるように、学習塾へ通っていても一クラス二十人もいれば一人ぐらい学力の上がらない子がいても仕方がないと客観的には言えるのかも知れません（但しそれでも、自分の子がその学力の上がらない一人に相当すればとんでもないことで、塾の立場として「仕方がない」などということを考えるなら、もちろん塾失格です）。ところが現実には、塾に通っても学力の上がらない子はいるのです。また五年、十年先を見すえた長期的な学力や、思考力・読解力という点にお

いては、かえって低下している子供も多くいるでしょう。本当に子供のことをお考えのお母さんであれば、この現実にはしっかりと目を向けて頂きたいと思います。

　学習塾へ通いながら学力の上がらないというおかしな現象が生じるのは、多くの学習塾が意識的に、あるいは無意識に「ふるい（篩）効果」を利用していることが原因の一つに挙げられます。ふるいとは、金網に枠をつけた、穀物の粒などの大小をふるい分けるあの道具のことです。「ふるい効果」とは石川が名付けたもので、子供たちをまるでふるいにかけるように、現在の学力のみで選別している。選別しているだけで、実は学力の向上には全く役立っていないシステムのことを表しています。

　また、「教える」ことが子供の学力をそいでいる場合があることも、学力の上がらない原因の一つと言えます。「塾は教えるのが仕事だから、教えるのは当然だろう」という疑問がおありだと思いますが、教えるばかりが学習塾の仕事ではありません。「自分一人で解く」力を身につけさせることが実は学習指導の最も大切な点で、「教えないこと」も立派な学習塾の仕事なのです。答のみを教えることはもちろん論外ですが、解き方を教えることも、場合によっては学習に悪い影響を与えることがあります。特に難問と呼ばれるような年齢にふさわしくない問題を教えることは、子供の理解の伴わない「解き方のみ」を教えるような悪い「教える」になりやすいのです。

　このいくつかの例のように、学習塾は必ずしも子供たちの学力向上に良い影響を与えているとは言えません。私たちはこの現状を正しく皆様にお伝えし、少なくとも学習塾に通った結果学力が低下したなどというような状態におちいらないように、また、じゃあどうすれば子供が将来に渡って伸びる本当の学力を身につけながら中学受験ができるのか、子供を通わせて安心な塾とはどういう塾かを、以下詳しくご説明したいと思います。

【 認 識 編 】
第一章、ふるい（篩）効果
■ふるい（篩）効果とは

　旧版まえがきでも少し触れましたが、学習塾のふるい効果についてお話ししたいと思います。
　「ふるい(篩)」とは、小麦粉や砂など粉末状の細かいものを網目を通して落とし、大きさによってより分ける道具のことです。

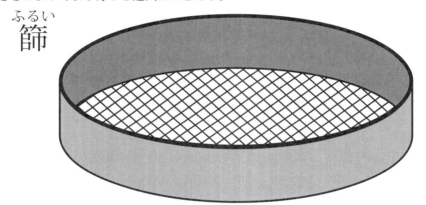

　「ふるい効果」とは、学習塾などで「**元々成績の良い者を集めて入塾させ、成績順にクラス分けをし、レベルの高く合格可能性の低い中学校を受験させないで、見せかけの合格実績を上げる**」というものです。
　見せかけの合格実績が高ければ、それにつられて次年度、成績の良い子供が集まりますから、その後の入試でまた合格実績が上がることになります。合格実績が上がれば、入塾希望者が増え、それをふるいにかけると、また成績の良い子が集まる。成績の良い子が集まれば、また合格実績が上がる・・・。
　「元々成績の良い子をふるいにかけて集め、合格実績を上げる」という塾の経営についての視点のみで、ここに「子供の学力を上げる」という発想はありません。もしあったとしても合格実績を上げるための学力向上であって、そこには「子供のために」という教育の原点は全く見受けられません。
　では、どのようにふるい効果が用いられているか、実際の例を用いてご説明致

しましょう。

■ふるい効果の三段階

●第一段階、入塾テストにおける「ふるい効果」

まずは入塾の時点で「ふるい」を利用します。入塾テストを行い、学力の高い子と低い子とをふるいにかけて選別し、クラス分けや入塾の可否を決めるのです。

有名進学塾「××塾」では、入塾テストの成績によって、クラスを何段階かに分けて作っています。

最も学力の高い子のクラスを「特進○○クラス」と呼んでいるとしましょう。レベルの高い子供だけを集めたのですから、「××塾の特進○○クラス」は難関校のα中学の合格者をたくさん出します。するとそれが評判となって、次年度の募集時には「××塾の特進○○クラス」を希望する子供が増えます。「特進○○クラス」希望者が増えると、集まった多くの子の中から、より学力の高い子を選別することができます。入塾テストによるふるい分けですね。すると「特進○○クラス」の生徒のレベルは上がり、また「特進○○クラス」の合格実績は伸びることになります。

合格実績が伸びれば、また「特進○○クラス」を希望する子供は増え、前年より、より多くの子をふるいにかけることができるのです。するとまた「特進○○クラス」の平均レベルは上がり、また合格実績が上がる。これのくり返しです。

上手にふるい効果を利用することによって、塾に入る以前から、**元々学力の高かった子供を集める**ことができ、そしてそれが難関校合格者多数という実績を生み、また翌年度に学力の高い子供を集めることができるのです。

それを外部から見ていると、『「××塾の特進○○クラス」＝「α中学合格」』という錯覚におちいってしまうでしょう。例えば、『「××塾の特進○○クラス」は「α中学」の合格率１００％だそうよ。』なんていううわさ（この「合格率１００％」というのは真実ではありません。「第三段階、入学試験におけるふるい効果（P12）」参照）が口コミで伝わって来たりしますと、『「××塾の特進○○クラス」に入れば、「α中学」に合格できるんだ』と、思ってしまいますね。特に学習塾に対して不信感や疑いを持たない普通のお母さんなら、ほぼ間違いなく

M.access　　　　　　　　- 9 -　　　　　　　新・中学受験は自宅でできる

信じてしまうでしょう。

　難関の「α中学」への進学者数が多いことは、その「特進○○クラス」に入れば「α中学」に合格できる力を付けてもらえるという錯覚を生じさせるのです。決して**そのクラスに入ったから学力が伸びた訳ではない**のに、です。しかし「ふるい効果」を知らない普通のお母さんや子供さんであれば、そういう塾の合格実績のみを見て判断してしまうのも仕方のないことです。

　「××塾の特進○○クラス」に入れば「α中学」に合格すると信じていて、いくら「特進○○クラス」に入ることを望んでいたとしても、入塾テストを受ける時点での学力が足りなければ「特進○○クラス」には入ることはできません。「特進○○クラス」に入れるということは、それだけ十分な地力（基礎学力や思考力、読解力）があり、入れないということはそれだけの地力（基礎学力や思考力、読解力）がないということをふるい分けているに過ぎないのです。**「特進○○クラス」に入ったから「α中学」に合格したのではなく、元々「α中学」に合格できるだけの地力（基礎学力や思考力、読解力）があったから「特進○○クラス」に入ることができた**というのが真実なのです。「特進○○クラス」に合格するだけの力を持った子供であれば、「××塾の特進○○クラス」に入らず別の塾の「△△クラス」へ通っても「α中学」に合格できたでしょう。極論すればそういう子供は塾へ通わずに**自宅学習だけであっても十分「α中学」に合格し得た**と私たちは考えています。

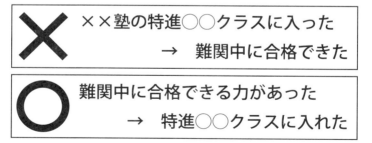

●第二段階、模擬テストにおける「ふるい効果」

　難関校進学を売りにしている学習塾は、志望校の合格可能性を判定する進学模擬テスト（以下模擬テスト）を頻繁（ひんぱん）に行い、それを受験する事はほぼ強制です。これも「ふるい効果」をもたらす重要なひとつです。

　模擬テストは、本来**生徒が自分の実力を知る**、あるいは他の生徒との学力の比

較をするために行うものです。ですからそんなに**頻繁に模擬テストを行う必要は
ありません**。受験学年になって、他の受験生とのできるだけ細かい比較が必要に
なった時、一月に1回ないしは二月に1回程度受ければ良いものです。

　ではどうして、受験学年でもないのに毎月あるいは毎週のように模擬テストを
受けさせる学習塾があるのでしょうか。それは、学習塾が模擬テストを受けさせ
ることによる「ふるい効果」を利用しようとしているからです。模擬テストにより、
その時点の生徒の学力（の一部）が測定されます。測定された結果（点数や偏差
値）によって塾は生徒をふるいにかけ、「あなたはこのクラス、あなたはこのク
ラス」とクラス分けをします。当然偏差値の良かった生徒が上のクラスになる訳
です。先の「××塾」の例で言うと、ある基準を上回った最も偏差値の良いグルー
プが「特進○○クラス」に入るあるいは残ることができるということです。つま
りその上位の（「特進○○クラス」）**クラスに入って、そのクラスの指導が良いか
ら成績が良くなったのではなく、元々成績が良かったからそのクラスに入れた（残
れた）ということに過ぎません**。

　たとえ「ふるい効果」の結果であっても、「特進○○クラス」のような、各進
学塾の最上位のクラスに入れればそれでいいではないかというお考えもあるとは
思います。もちろんその最上位のクラスが、生徒を伸ばすことを一番重視した「最
上級の（最も質の高い）授業」をしていれば全く問題はありません。しかし、往々
にして各進学塾の最上位のクラスは生徒にとって最上級の授業をしていない、む
しろ生徒の**思考力を阻害する悪い授業**をしているのです。

　塾で最上位のクラスは、その塾のレベルの象徴でありますから、できるだけ難
度の高い授業をしようとします。またハイレベルであることを内外に示すために、
進度も早くします。本当は、難度の高い授業ほど授業にかける時間は多く必要な
のにも関わらず、最上位のクラスでは難度の高い内容を早く進めなければなりま
せん。するとどうなるか。難度が高いにも関わらず、授業では生徒がじっくりと
考える時間も、十分な解説をする時間もなく、薄っぺらなものになってしまうの
です。「とにかく、この問題はこう解くのだ。」と**解き方のみを教え、覚えさせる
授業**になってしまいます。これを私たちは、「詰め込み教育」と呼んでいます（「第
二章、難問を教え込む4つの弊害（P16）」参照）。

　さあ、授業が薄っぺらな詰め込みである分、どこで足りない分を補うか。その
しわ寄せは宿題に来ざるを得ません。ですから、難関校進学を売りにしている学

M.access 　　　　　　　　　- 11 -　　　　　　　　　新・中学受験は自宅でできる

習塾の上位クラスに入れば、例外なく「進度の早い難問授業」で詰め込まれ、「山のような大量の宿題」と格闘しなければならないことになるのです。「進度の早い難問授業」について行けなかったり、「山のような大量の宿題」をこなせなかったりすると、「あなたはこのクラスには不適格」との烙印をおされ、下位のクラスへと「ふるい分け」されるのです。また「山のような大量の宿題」は、それそのものが進学塾の宣伝にもなります。

　模擬テストと呼ばれる大きなテストでなく毎週の確認テストや授業ごとの小テストなどでも、その順位を発表したりクラス分けに利用したりしていれば、模擬テストと同じくふるい効果を狙ってのものと言えます。

●第三段階、入学試験における「ふるい効果」

　数々のふるいにも落とされずここまで残ってきた子供にも、受験前に最大のふるいが待ち受けています。

　合格実績を売りにしている学習塾では、どうしても良い合格実績を出さなければ、次年度の募集に悪い影響が出ます。合格実績の表示の仕方には、大きく２種類あります。１つは「合格者人数」であり、もう１つは「合格率」です。

　「合格者人数」については別の機会にゆずるとして、ここでは「合格率」について述べたいと思います。

　かつては、進学塾の入り口には『「α中学」合格率１００％』などといった掲示がなされているのをよく見かけました。毎年毎年「１００％合格」などと書かれているのにはびっくりしますが、難関校である「α中学」に、毎年全員が合格するなどということがあり得るはずがありません。

　さすがに世間の批判を受けて、最近では「１００％」とか「全員」とかいうような表示は自粛しているようですが、同様の誇大表示は現在も少なからずあります。

　ここにはトリックが隠されているのです。トリックとは何か、それが「ふるい効果」です。

　例をあげてご説明しましょう。

　Ａ君はどうしても「α中学」に入りたくて、「α中学」合格率９０％をほこる「××塾の特進○○クラス」に通っていました。Ａ君は、とても速い授業進度にも、山のような宿題にもめげず、なんとか「特進○○クラス」についていっていました。

「α中学」の合格基準偏差値は７３でしたが、Ａ君は何とか偏差値６９～７２を保っていました。

　しかし無理がたたったのか、１２月になって風邪をこじらせてしまいました。１２月第１週の模擬テストの結果はかろうじて偏差値７０だったものが、第２週は６５、第３週は６４、第４週は６７と３週間連続で７０を下まわってしまったのです。

　塾の担当の先生とＡ君とお母さんの三者で面談が行われました。先生が言うには

　「最近手を抜いているのじゃないか。これではα中学はむりですね。基準偏差値６６のβ中学でもぎりぎりです。来週からβ中学を志望する△△クラスへ代わってもらいます。」

とのこと。α中学をめざして、一所懸命ずっと勉強してきたＡ君には大変ショックな言葉でした。

　Ａ君のお母さんは先生に尋ねました。

　「α中学はどうしても無理でしょうか。」

　「今の状態ではとうてい無理です。うちとしてはα中学を無理して受験して頂くことはできません。」

　先生の返事は冷たいものです。

　ずっとα中学にあこがれて、α中学合格をめざしてがんばってきたＡ君は納得がいきません。その気持ちを十分理解しているお母さんは先生に頼みました。

　「どうしてもα中学を受けさせてやりたいのです。そのために勉強してきたのですから。」

　「それはできません。β中学でもぎりぎりですよ。α中学なんて今のＡ君の偏差値より７～８も高いのに・・・とんでもない話です。」

　「もしダメだったとしても構いません。とにかくα中学を受けるだけは受けさせたいと思うのですが・・・」

　お母さんは、どうしても私立中学に行かせたいなどとは思っていませんでした。しかし、本人の希望を尊重してα中学を受験させることにしていたのです。ですからＡ君もお母さんもβ中学を受験することは全く考えておらず、α中学を受験して、だめなら公立中学でよいと思っていたのでした。しかしその思いは伝わらず、

M.access　　　　　　　　　- 13 -　　　　　　　**新・中学受験は自宅でできる**

「もしうちの指導に逆らって、どうしても α 中学を受験するということであれば、残念ながら私どもはこれ以上責任をとれません。よその塾さんで、どうぞ。」

　先生はそれだけ言うと、立ち上がって行ってしまいました。要するに「α 中学を受けるのなら辞めて下さい」という塾の宣言です。

　このように合格実績を塾の宣伝に使っている進学塾では、いかに生徒本人やお母さんの志望が強くても、**合格可能性の低いと判断された学校は受けさせないというふるい**にかけるのです。このＡ君の場合、十分 α 中学を狙える実力はあります。合格の可能性は五分五分以上あるでしょう。しかし合格実績９０％以上をめざす進学塾では、受ける以上必ず合格してもらわないといけないのです。合格の可能性が五分五分では困るのです。ですから**進路指導と称して巧みに志望校を変更させる**のです。塾の「進路指導」に応じず、生徒や保護者がどうしても受験したいといった場合は塾を辞めさせる。生徒やお母さんにしてみれば、受験まぎわに塾を辞めさせたりなどしたら、頼るところがなくなってしまい、大きな精神的負担を背負い込むことになってしまいます。ですから多くは泣く泣く、塾の言いなりになってしまうのです。

　かくして進学塾は合格率９０％以上を保つことができるのです。

■ふるい効果を生かす「競争原理」と「偏差値絶対神話」

　ふるい効果を最大限に生かすためには、子供たちがふるい落とされないように、ふるいの網の目にしがみついてくれる必要があります。どの子供も「別に特進○○クラスでなくても、下の△△クラスでいいや」と思ってしまえば「特進○○クラス」は成立しなくなります。ですからふるい効果を利用する進学塾にとって、『「特進○○クラス」は「△△クラス」より優れた良いクラスなんだ』『「△△クラス」は「特進○○クラス」より劣ったダメなクラスなんだ』と明に暗に言い続けることが必要になります。

　もちろん人間の値うちは学力だけで決まるものではありません。ましてや「算数・国語・理科・社会」のたった４つの、しかも**中学入試という特殊な勉強で人間の値うちをはかることなど、できるはずがない**のです。

　しかしふるい効果を利用する進学塾は、生き残るために、ウソであっても『「特進○○クラス」はすばらしいクラスなんだ』と言わねばならないのです。『「特進

○○クラス」の子供は、学力の、しかもある特殊な一分野に秀でているだけのことなんだよ』などとは、口が裂けても言えないのです。

　このように真実と異なることをイデオロギーでもって押し付けることを「洗脳」と言います。「特進○○クラス」が優れていると洗脳された子供は、それに向かって一所懸命勉強するでしょう。しかし、「特進○○クラス」の定員はごくわずか。そのために競争が起こります。競争が起こればふるいにかけられる。ふるい落とす子供が多ければ多いほど、「特進○○クラス」のステイタスは上がり、「××塾」は生徒募集に成功して儲かるという構図がここにあります。

　果たしてここに、子供の学力を上げよう、子供が将来に渡って伸びる力をつけよう、子供のためにより良い教育をしよう、という発想はあるでしょうか。いや全くありません。それは、あくまでも**学習塾は「営利企業」**であり、儲けるということが前提にあるからです。

　いくら素晴らしい学習指導を行ったとしても、生徒が集まらなければ、その学習塾はつぶれます。逆に、子供の学力を上げなくても、うまく生徒を集めることができれば、それでその学習塾は生き残ります。つまり、**学習塾が栄えるかどうかは、突き詰めれば生徒をどれだけ集められるかによる訳で、学習指導の善し悪しとは直接の因果関係はない**ということが言えるのです。

　しかし、いくらきれいごとを言ってみたところで、学習塾が営利を追求することに変わりはありません。そうしなければ企業として生き残れないからです。したがって子供を学習塾に通わせる場合は、これらのことをよくご理解の上で塾を上手く「利用する」ことを考えて頂かなければならないと思います。

第二章、難問を教え込む４つの弊害

■年少の子ほどおちいり易い「教えられ中毒症候群」

　おおよそ小学校４、５年生まで、いわゆる「反抗期」と言われる年齢に達するまでは、子供は親の言うことをけっこう素直にきくものです。今まで「今日は計算ドリル、明日は漢字テキスト」と、親の言う通り何も文句を言わずに勉強していた子供が、４～５年生になると「今日は○○君と遊ぶ約束をしたから、計算ドリルはしない」とか「もう学校の宿題以外の勉強はしない」などと自分の主張をするようになります。それが多くは突然に言い出しますので「いままであんなに素直な良い子だったのに」と驚かれたり嘆かれたりするお母さんは少なくありません。**しかしこのような「反抗期」は子供が親から自立して一人で生きて行く力を養おうと努力し始めたことの現れ**ですから、喜ぶべきことではあっても決して嘆くことではありません。

　「反抗期」に至るまでは、だいたい子供は素直に親の言うことをきくものです。ですから、学習に関して白紙に近い状態である低学年の子供にとっては、与えられた学習の方法は、善かれ悪しかれそれがそのまま子供の学習スタイルとして定着してしまう重要なものとなります。じっくりと時間をかけて誰にも邪魔されないで自分で考え、（仮に間違っていたとしても）自分で答を出すという過程を踏んだ子供は、のちのちも自分で考え自分で答を出すという思考スタイルを続けてゆきます。逆に小さい頃から「これはこうして解くのだ」「これはこうして考えるのだ」と、解き方や考え方を教えられるということをくり返していた子供は、大きくなっても誰かに解き方を教えてもらわない限り答を出さないようになってしまいます。特に難問というものは教えないと解けないもの（教えなくても解けるならその子にとって難問ではない！）ですから、**学習者として未熟な小学生に難問を教えることは、「勉強とは教えられるまで待つものだ」という悪いクセをどんどん学ばせている**ようなものです。

　このように過剰に「教えられる」ということをくり返し経験した子供は、勉強とは「教えてもらう」ものだということが体に染み付いてしまって、自分から進んで考えるという学習のもっとも大切な頭の働きを放棄してしまいます。この状態を私たちは「**教えられ中毒症候群**」と呼んでいます。アルコール中毒の患者がアルコールなしには生きて行けないように、「教えられ中毒症候群」におちいっ

た子供は教えられることなしには勉強ができなくなります。

　「教えられ中毒」の子供は、だからといって頭が鈍いわけではありませんから、教えられたことは十分に理解します。しかし、教えられるまでは自分で考えようとしないのです。実際によくある光景を例にお話ししましょう。

　「教えられ中毒症候群」にかかってしまっている、小学二年生のＢちゃんの場合です。

　「この問題解いてごらん。」

　Ｂちゃんにちょうど合っているレベルの問題を与えました。Ｂちゃんは問題をじっとながめています。しばらくは考えている様子ですが、１分ほどたつと頭がふらふらと動き出します。もう意識は勉強から他のところへ向いているようです。側へよって声をかけてみます。

　「どう、問題読んだ？」
　「うん」
　「問題の意味は分かった？」
　「・・・う〜ん」

　ちょっと首をかしげて答に困っている様子。そこで助け舟を出してあげます。

　「一緒に問題読んでみようか。えーっと、赤いチューリップが３２本咲いています。白いチューリップは赤いチューリップより５本多く咲いています。白いチューリップは何本咲いていますか。さあてＢちゃん、赤いチューリップは何本咲いているのかな。」
　「ん〜と、３２本。」
　「そうだね。３２本だね。じゃあね、白いチューリップは赤いチューリップより何本多く咲いているかな。」
　「５本。」
　「そうだね、５本だね。良く分かっているね。じゃあ、赤いチューリッ

プと白いチューリップではどちらがたくさん咲いているのかな。」
　「え〜とね、ん・・・、白！」
　「そうだよ、そうだよ。白いチューリップの方が多いよね。そしたら、白いチューリップは何本あることになるかな？」
　「え、これ足すの？」

　『教えられ中毒症候群』におちいってしまっている子は、ここで不安になります。恐らくいつもここで「だから３２＋５をするのですよ」と「教えられ」ているのでしょう。自分では内容を十分理解しているにも関わらず、答を出す前に教えてもらわないと不安なのです。もちろん私たちは足すか引くかなどといった質問には絶対に答えません。

　「足すだと思ったら足してごらん。引くだと思ったら引いてごらん。どっちだと思う？」
　「白いチューリップの方が５本多いのだから、足すに決まってるよ。」
　「そうだな。足すんだよな。合ってるよ。」
　このように一緒に読んであげて、１つ１つ確認してあげれば十分解けます。解く力は持っているのです。しかし教えられることに慣れてしまっているため、教えられないと答を出せないのです。

　同じレベルの問題をもう一問与えてみます。
　「じゃあ、次、この問題解いてごらん。」

　それだけ言うと私たちは黙って見ています。しばらくは考えている様子ですが、１分ほどたつとやはり頭がふらふらと動き出します。誰かの問いかけがないと思考が先へ進まないのでしょう。

　「読んでみた？」
　「うん」
　「じゃ、今度は声に出して読んでくれる？」

M.access　　　　　　　　　- 18 -　　　　　　新・中学受験は自宅でできる

実際に読めているかどうかの確認をします。算数ができない場合、**算数の力そのものではなく読解力の不足が原因である場合があります**ので、私たちは一度声に出して読ませて、ちゃんと読めているかどうかの確認します。

　Ｂちゃんは読み始めました。

　　　　「青い　おはじきが　２５個あります。黄色いおはじきは　青いおはじ
　　　　きより　３個多くあります。黄色いおはじきは　いくつありますか。」

　きちんと一人で読めました。読字力は十分です。文節の切り方も正しいので、内容も理解し、しっかりと読めているでしょう。問題は理解できている。問題を解く力もある。にもかかわらず、まだ答を出せないようです。

　　　　「青いおはじきと黄色いおはじきでは、どちらが何個多いかな。」
　　　　「・・・これ、足すの？」

　私の問いかけがなくても、Ｂちゃんは十分問題の意味を理解しています。ですから、私の問いかけには返事をしないで、答に関する質問をしてきたのです。実はＢちゃんは解き方も分かっているのです。でも、式まで『教えてもらわない』と先へ進めないような思考のクセがついてしまっているから、足すかどうかなどという質問をするのです。

　Ｂちゃんは自分から「これ足すの？」の聞いてきていますのでまだ症状は軽い方です。症状が重くなると、完全に理解している問題なのに、解き方（式）を全部教えられるまで全く頭を働かそうとしない子もいます。

　親が良かれと思って学習塾や幼児教室へ通わせていても、その教室がどんな指導法をとっているか、外からはほとんど解らないのではありませんか。行き過ぎた「教え込み」をしているかどうかなど、なかなか見えにくいものです。特にフランチャイズの看板を借りて素人先生が片手間に開いているような学習塾や幼児教室、また経験の少ない家庭教師などの場合、教えている先生自身が『教える』ことの危険性に気付かずに『教え込んで』いることがありますので要注意です。

M.access　　　　　　　　　- 19 -　　　　　　　　新・中学受験は自宅でできる

大手塾の「ふるい効果」も危険ですが、**素人先生の『教え込み』にも注意を払う必要があります**。

■真面目な子ほどおちいり易い「ぶらさがり症候群」

教え込むということは、学習に対して常に受け身の「教えられ中毒症候群」を作ってしまいます。また教え込むことが子供に悪い影響を与えることは、まだあります。

進学塾で難問を教え込まれ、理解の少ないまま、解ったか解らないかの状態でずっと学習（ニセの学習）を続けている子供は、**理解するという学習のもっとも大切な点に重点を置かなくなります**。

理解することは本来楽しいことなので、理解することが学習の本質であることを知っている子供は、強制されたり悪い指導をされたりしない限り、勉強をすることがそんなに苦痛ではありません。興味があるから、学習に対する姿勢が前向きになります。ところが、ずっと教え込まれ続けて来た子供は、学習とは理解することであるということを分かっていません。理解を伴わないただ教え込まれるだけの学習は大変つまらないもので、したがって学習に対する興味は全く低いものになります。

では、教え込まれ、学習に興味を持っていない子供たちでも、どうして勉強をし続けるのでしょうか。それは**親がこわいから**です。あるいは真面目な子であれば、**親の期待に答えなければならないという強い強迫観念から**、勉強をし続けるのです。親の叱責や懇願が理由で勉強をし続けます。このような状態を私たちは**「ぶらさがり症候群」**と呼びます。

「ぶらさがり症候群」とは、親の期待に背かないことが目的で勉強し、進学塾の特進クラスに何とか「ぶらさがって」ついて行こうとしている子供の状態です。目的は学力を上げることではなくて、とにかく特進クラスから落とされないことです。

親の期待とは、良い中学に入ることです（中学受験を目指していないのに、詰め込み進学塾に通わせることはまずありません）。良い中学に入るためには今通っている「進学××塾」の「特進○○クラス」に居続けなければなりません。もちろんそれは全くの迷信なのですが、親も「特進○○クラス」に居ることが中学受

験に成功することだと錯覚していますから、当然子供も同じ錯覚を受け継いでいます。

　目標は希望の中学に合格することであったはずです。本当は希望の中学に入って学力をつけることであり、もっと先にはしっかり勉強して社会に役にたつ人間になるという目標が有るはずです。しかし遠い目標はなかなか見えず、いつの間にか目標の次元がだんだん下がって、ついに「特進○○クラス」に居続けることが、親にとっても子供にとっても、最大の目標になってしまっているのです。

　真面目な子供ほど、親の期待に応えようとします。したがって全く本当の目標からはずれた「特進○○クラス」から落とされないということが、子供の最大の目標になります。こういう子供にとって目標は「特進○○クラス」から落とされないことですから、**落とされないためには何をしても良いという論理が成り立ち**ます。

　例えばカンニングという行為が有ります。カンニングは学力をあげるという見地からは全く意味のない行為であり、むしろ学力を下げることになる行為です。もちろん、道徳的にも良くないことです。カンニングは「学力をつけて社会に役立つ人間になる」という本当の目標からはむしろ遠ざかった行為なのですが、「ぶらさがり症候群」におちいった子供にとっては、**カンニングをしてでも高い偏差値がとれ「特進○○クラス」にいられさえすればそれで良いのです。**

　「一夜漬け丸暗記」も、「ぶらさがり症候群」におちいった子供が良くすることです。「一夜漬け丸暗記」はテストが終ってしまえばほとんど覚えていない暗記ですから、学力を上げるどころか希望の中学に合格するという目標にさえも役にたたない悪い勉強法です。しかし「ぶらさがり症候群」におちいった子供にとって今の「特進○○クラス」に居続けることが究極の目標なのですから、毎回の模擬テストや確認テストさえ合格点がとれればそれで良いのです。

■ほとんどの子がおちいる「勉強嫌い症候群」

　外界より新しい知識を得る、新しい法則を学ぶ、新しい法則を作り上げるという行為は、本来たいへん楽しい行為です。それら「学び創造する」という行為は、おそらく人間の本能に組み込まれている行為なのでしょう。「学び創造する」ことは本来心をわくわくさせる行為なのです。しかしそれは、「自発的に行われて

M.access　　　　　　　　　新・中学受験は自宅でできる

いる限り」という条件付きであって、「強制される」と全く楽しい行為ではなくなります。強制されるとむしろ苦痛となるのです。なぜなら人は自発的に考えたり知らなかった知識を自発的に吸収することによって、論理的な思考力を向上させたり知識の再構築をするからです。**これはあくまでも「自発的」になされなければならない**のであって、「強制」や過度の「指示」を受けると脳の活動が低下し、かえって逆効果になることが分かっています。**難問を教え込むとは「強制」であり過度の「指示」であり、子供の頭を悪くする行為なのです。**

　人間は本来「ああでもない、こうでもない」と頭をひねらせて考えることを楽しいと思うものなのです。しかし詰め込み授業や大量の宿題によって難問を詰め込まれたり、あるいは家でお母さんに「早く宿題をしなさい！」と言われるような「強制」という要素が入ってくると、**子供は考えることを嫌がるようになります。**本当は、子供は心も体も、どんどん成長することを欲しています。なのに「難問を詰め込む」という子供の成長を阻害することをすれば、子供は間違いなく勉強嫌いになります。それは子供の自然な防衛反応なのです。

　それはこういう例を想像してみれば分かります。パズルの大変好きなお母さんでも、「このパズル本を一週間以内に仕上げなさい」などと、とうていできないような大量の課題を与えられたり、「今からパズルのテストをします。８０点以下は居残り特訓です。」といきなり難しいパズルのテストを受けさせられたりしたらどんな気分になるでしょうか。その上、パズルを解いている横で、「いや、それはそうじゃない」「そこはこう解くのだ」といちいち間違いを指摘されたり解き方を教えられたりしたら、「ええ、もう、うるさいわねえ。二度とパズルなんかするものですか。」とちゃぶ台でもひっくり返したい気分になるのではないでしょうか（笑）。

　このように、やたらに早い進度の詰め込み授業や山の様な大量の宿題で難問を**教え込むことは、間違いなく子供の頭を悪くさせ、間違いなく勉強嫌いな子供を作っています。**

■教え込まれれば教え込まれるほどおちいり易い
「とにかく答を出す症候群」

　教え込まれれば教え込まれるほど、「とにかく答を出す症候群」におちいりや

すくなります。「とにかく答を出す症候群」とはその名のごとく、適当な答を書いてとにかく解答欄を埋めてしまうという症状です。
　この「とにかく答を出す症候群」については、次章「理解していないのに問題の答が合うことってあるの？」で、詳しくご説明致します。

難問を教え込むと
弊害(へいがい)がある！

第三章、理解していないのに問題の答が合うことってあるの？

■「答が合う」ことと「理解する」ことはイコールではない。

　子供が問題の意味を十分理解していないのに、答だけ正解になることがあります。理解していないのですから、答が合ったのは全くの偶然か、適当に当てはめた式がたまたま正解だったかなどの理由によります。このように良く考えないで答をだしたり、適当な式に数字を当てはめて解いたりするような子供の状態を、先に述べましたように**「とにかく答を出す症候群」**と私たちは呼んでいます。ここでやっかいなのは、小学生に出題される範囲では、問題のパターンなど数が知れていますので、偶然に答が合ってしまうということが、かなり高い確率で起こってしまうことです。もちろん偶然に答が合っただけでは、その問題を理解した訳ではありません。むしろ**偶然に答が合うことを「勉強した」と子供がカン違いすることよって、本当の思考力を低下させる原因になりかねないのです。**

　どうしてこのような状態におちいる子供がいるのでしょうか。この原因のほとんどは、本人が望んでいないのに問題を解くことを強制されたことにあります。（「第二章、難問を教え込む４つの弊害（P16）」参照）

　この「とにかく答を出す症候群」は症状別にいくつかに分類できますが、ここでは代表的な２つを取り上げてみました。以下それぞれ詳しく見てゆきましょう。

■割り切れる組合わせで計算して答が合ってしまう 「あてはめ症候群」

例Ⅰ、例えば「４２は７の何倍ですか」という問題の場合、

　　　４２÷７＝６　　　　　　答　６倍・・・①

と解きます。これは多くの子供が正解します。

　しかし「９は７２の何倍ですか」という問題の場合

　　　７２÷９＝８　　　　　　答　８倍・・・②

と答える子供がいます。もちろん

　　　９÷７２＝０．１２５　　　答　０．１２５倍・・・③

とするのが正解です。

②のような間違いをする子供は、この問題で割り算を使うということを知って
はいるものの、「×は○の△倍」という言葉の意味や、「くらべる量」「元にする量」
など割合の概念などが身についていないのです。このように、理解しないまま自
分の計算しやすい方法で計算してしまう症状を、私たちは**「あてはめ症候群」**と
呼んでいます。問題なのは、この症候群にかかってしまった子供でも、①のよう
に式も答も正しいという場合があることです。そして「式も答も合っているのだ
から自分はこの問題はもう解ける」と信じてしまうことです。子供の「理解しよ
うとする力（思考力）」をさまたげる、非常に厄介な症状です。

　もう１つ例を見てみましょう。
例Ⅱ、「太郎君は１３０ページの本を５日で読みました。花子さんは太郎君の本
より１４０ページ多い本を７日で読みました。太郎君と花子さんは、それぞれ一
日平均何ページ読みましたか。」
　　　１３０÷５＝２６・・・④
　　　１４０÷７＝２０・・・⑤　　　　答　太郎君２６ページ　花子さん２０ページ
「太郎君２６ページ」は合っていますが、「花子さん２０ページ」は間違ってい
ます。花子さんの読んだ本は
　　　１３０＋１４０＝２７０ページ
です。したがって花子さんの一日に読んだページは
　　　$270 \div 7 = \dfrac{270}{7}$
とならなければなりません。
　⑤のような式を立てた子供は、１４０という数字と７という数字を見て「割り
切れる→正解に違いない」と判断しているのです。

　例Ⅰの場合、おそらく「大きな数字÷小さな数字」という問題をたくさん解か
された結果、問題の内容を理解しないままに「大きな数字÷小さな数字」、「大き
な数字÷小さな数字」・・・と機械的に解くことを覚えてしまったことに原因が
あります。これに加えて例Ⅱの場合は整数解がでる問題ばかりたくさん解かされ、
常に答は整数になると思い込んでいることに原因があると思われます。いずれに

M.access　　　　　　　　　　　　　- 25 -　　　　　　　新・中学受験は自宅でできる

せよ、理解しないままに問題をたくさん解かせることは、かえって問題の解けない子供に育てているという点にご注目頂きたいとおもいます。

■公式を暗記してなんとか当てはめて解く「丸暗記良い子症候群」

「植木算」という和算の１つがあります。ご存じとは思いますが、簡単にご説明致しておきます。

〈両端に木がある場合〉

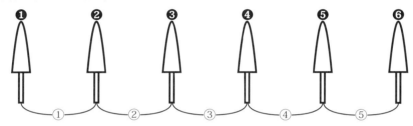

したがってこの場合、木の数＝間の数＋１　になります。

〈両端に木がない場合〉

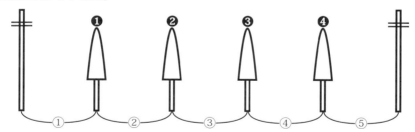

この場合、木の数＝間の数－１　になります。

公式を、理解せずに覚えこんだだけで解いている子は、次のような間違いをします。

例Ⅲ、1周42mの池のまわりに7mかんかくで木を植えました。木は何本必要ですか。

　　　42÷7＝6…間の数
　　　　6＋1＝7…木の数　　　　　　　　　　　答　7本

　これはもちろん間違いです。で、子供に「これ、間違っているよ」と指摘すると、じゃあとばかり、すぐに消しゴムで式を消して書き直しはじめます。

　　　42÷7＝6…間の数
　　　　6－1＝5　　　　　　　　　　　　　　　答　5本

「これでどうだ！」と言わんばかり（？）に自信を持って新しい答を見せます。しかし、もちろんこれも間違い。正解は

　　　42÷7＝6…間の数
　　　池のまわりに木を植える場合、　間の数＝木の数　だから　　　答　6本

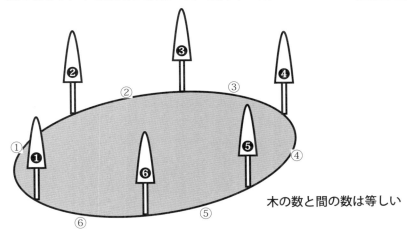

木の数と間の数は等しい

となります。問題の様子を頭に描ける子供や、紙に書いて表せる子供はほとんど間違いません。しかし、公式を丸暗記していて、「植木算？　よしっ、式の最後に『＋1』をしておけば良いのだな」と考えるこのタイプの子供は、正解を出せる場合もあるし、出せない場合もあるのです。

　先生に言われた通り公式を覚えているのですから、このような「丸暗記良い子症候群」におちいる子供は、決して勉強に対して後ろ向きの姿勢ではない場合が

多いのです。しかし「植木算はこうこうこういう公式に当てはめたら解けるんだ！」という塾の先生（あるいは親？）の言葉を真面目に信じたために、同じように解いても正解する場合としない場合ができてしまうのです。真面目にやっているのに解けない。こういうことがくり返されると、子供はだんだん自信をなくしてゆくのです。

■『理解』することが学力の根本

　上記の例から分かるように、『理解』していなければ確実に問題を解くことができません。**学力とは『理解』する力、『理解』しようと努める力**（私たちはこれらの力を『思考力』と呼んでいます）がその中心であるのに、テストの点数でふるい分けされることをくり返していると、とにかく「テストの点数がとれれば良い」という考えにおちいってしまいます。学習の目的は『理解』することであるのに、それが「テストの点数を上げること」にすり変わってしまっているのが、詰め込み教育をされた子供たちの可哀想な現実なのです。

　この過剰な「拝金主義」ならぬ「拝点主義」おちいってしまっているのは、何も子供たちだけではありません。一部のお母さんにもこの「拝点主義」が見られます。『ふるい効果』をフルに利用し、入塾テスト、毎日の確認テスト、また毎週の模擬テスト、テストテストと追いまくり、その点数によって生徒の上下関係を決めるような進学塾へ子供を通わせていると、「拝点主義」におちいってしまうのも無理はありません。お母さんには責任がありません。子供も親も、そういう進学塾のシステムの被害者なのです。

　ふるい効果を利用した進学塾システムの中にどっぷりとひたってしまえば、なかなかその欠陥が見えないものですが、少し冷静になって一歩下がって見てみれば、当然『理解』こそが最も大切なものだとお分かりになって頂けると思います。

M.access　　　　　　　　　- 28 -　　　　　　　　新・中学受験は自宅でできる

第四章、子どもの発達と理解の３段階

■第一段階　直感的理解

おそらく人間の本能に組み込まれていると考えられる理解力の１つです。

例えば「●●●」と「☆☆☆☆☆」では「☆☆☆☆☆」の方が数が多い、「」と「◆」では「」の方が大きい、といったようなものです。

また「△△」と「△△△△△△」を合わせると「△△△△△△△△」になると判断できるような能力です。また数字にした場合でも「２」と「６」では「６」の方が多い（大きい）、あるいは「３」＋「５」＝「８」になることが分かる能力のことです。記号化して数字にすることによって、より抽象的な高度な概念を扱うことになるのですが、それは数学的論理の積み重ねによってなされるものであり、抽象的になればなるほど、また高度になればなるほど、直感的理解からは遠ざかります。形の違いや大きさの大小、量の多寡など視覚的に判別のつく範囲か、数の操作なら整数の範囲が「直感的理解」と言えるでしょう。「直感的理解」は自然界に元より存在するルールを理解すること考えてもよいでしょう。

■第二段階　論理的理解

前項の「直感的理解」が元より存在する自然界のルールを理解することであるとするのならば、「論理的理解」は人間の知恵が作り上げた論理的なルールを理解することと言えます。

例えば算数の足し算における繰り上がりがそうです。木の実が三個あれば「３」と、八個あれば「８」と算用数字では表記します。しかし木の実が十個あるとき、十という数を表す１文字の算用数字はなく「１」と「０」の２つの算用数字を使って「１０」と表記します。十個目には「位を上げる」という操作の発明によって、無限に大きい量の数を表すことができるようになりました。この「位取り」という操作は論理的ルールに基づいていますので、そのルールを正しく理解しなければ位取りという操作をすることはできません。このように高度な抽象的な思考を手助けするには、複雑なルールの理解が必要になります。これが「論理的思考」です。

高度な抽象的な思考をするためには、どうしても「論理的思考」が必要になり

ます。しかし「論理的思考」は「直感的理解」の上に成り立っているものであり、「論理的思考」だけではものごとの本質を見失うことがあります。

位取りは「論理的思考」に基づく非常に重要な考え方ではありますが、位取りのルールを分かっているだけでは本当の理解には到達できません。一の位において０～９まで数字が使われたその後に位が上がって「１０」となったのだと理解すると同時に、「１０」とは「●●●●●●●●●●」のことだと分かっている必要があります。「１０」＝「●●●●●●●●●●」だということが分かっていなければ、「１０」という数字を現実に役立てることはできません。「１０」＝「●●●●●●●●●●」とは直感的理解のことで、つまり直感的理解のない論理的理解は、現実には役にたたない記号の操作に過ぎないのです。

また実際には直感的理解が論理的理解をより深める手助けをしていますので、直感的理解をないがしろにはできません。直感的理解のないままに論理構造のみを教えると、とんでもない間違いをおかすことがあります。

「２００円の３割はいくらになりますか」という問題の解き方を例に挙げてみましょう。論理的手順を踏んだ思考の流れを考えてみます。

①、３割＝０.３ですからこの問題は「２００円の0.3はいくらになりますか」という質問に言い換えられます。

②、「△△の～は…だ」という割合の問題における「の」は「倍」の意味を表しているので、「の」は「×（かけ算）」に換えることができます。したがって「２００円×0.3＝答」となります。

③、２００×０.３＝６０　　答６０円

これで正解です。正しくできました。

同じ問題を別の生徒が解きました。この生徒は解き方のルール（問題構成の論理）は正しく理解していますが、割合の考え方を直感的には理解できていません。このような生徒が解いた場合、小さなミスに気付かず不正解になることがあります。

①、「２００円の３割」→「２００円の０.３」

②、「の」はかけ算→「２００円×０.３＝答」

ここまでは上手くできました。しかし、次にミスをしてしまいました。

③、２００×０.３＝６００　　答<u>６００円</u>

　考え方は正しいのですが、計算で位取りを誤ってしまいました。

　ここで、「０.３」を量として捕えらえていて、「２００の０.３倍」は２００より小さくなることを直感的理解で分かっている子供は、「答が６００円？？？そんなはずはないな！」と、この計算間違いにすぐに気付きます。ところが操作のみを覚えていて、**割合や量の感覚を体で理解していない子供**は、「６００円」という明らかに誤った答を出しても気付かず、全く平気なのです。こういう直感的理解の不足している子供は、無駄な時間や労力を費やすことになり、大変勉強下手な子供になります。

　計算ミスは誰でもおかします。ミスをどれだけ早く発見し被害を小さくするかは、勉強の効率を大きく左右します。この計算ミスの例は１つの例ですが、一般に勉強上手な子供は直感的理解が進んでおり、それが論理的理解を深める手助けとなっています。逆に勉強下手な子供は直感的理解の不足していることが多く、それが様々な面で学習に悪い影響を与えています。

　本来、直感的理解というものは、成長する過程における様々な経験から自然に体得するものです。なのにそれが不足しているあるいは欠落しているのはどうしてでしょう。**その原因の多くはいわゆる「早期教育」の失敗にあると**私たちは考えています。

　わかりやすく、たし算を例に挙げて考えてみましょう。

　◆２個と◆３個をあわせると◆５個になります。これは直感的理解では

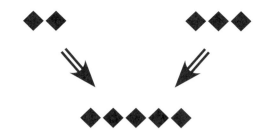

となるでしょう。ところがこの直感的理解が確立しないうちに、あるいはこの直感的理解とは全く違うものとして**たし算という操作を機械的に子供に教えると**、

　『「◆◆」と「◆◆◆」をあわせると「◆◆◆◆◆」になる』
　　　と
　『２＋３＝５』

とを、**全く違うものとして認識するようになります**。大人であれば
　『「◆◆」と「◆◆◆」をあわせること』と『２＋３』は表裏一体、不即不離、決して切り離せるものではないということを、完全に体で理解しています。ですから数式を独立させて数式のみをあやつってもそこには直感的理解が内在していて、自由に応用することができるのです。ですが、そこまで直感的理解の深まっていない子供に、機械的にたし算を教えれば、確かに式を扱ってのたし算は得意になる（たし算のテストの点数は上がる）かも知れませんが、算数の力がつくとは限らないのです。

　大切なのは２＋３＝５という計算ができることではなく、２＋３とは「◆◆」と「◆◆◆」をあわせることなんだと理解することなのです。算数は自然科学であり、実体験に基づき現実に応用できなければ、その持つ意味はほとんどないに等しいのです。

　にも関わらず早期教育を売り物にしているいくつかの幼児教室などでは、機械的操作ができることを優れていると考え、例えば実際の物を数えることより数字と式で計算ができることの方が高い能力だとみなしていることがあります。このような教室では、乳幼児には絶対必要な、遊びを通しての自然な学習を余りさせず、板書や数字カードを使った指導に重点をおいているようです。これは「直感

的理解」をないがしろにした大きな誤解であり、このような学習指導を受けた子供は、あとあと真の理解や応用力を必要とする問題に直面したとき、大きく伸び悩むということになりかねません。

　また、計算問題を正解するまで何度でも解かせるという学習方法があります。この学習方法では計算を機械的にさせるため、小学生の段階ですでに因数分解の問題を解く子供もいるようです。しかしこれも「直感的理解」を重視する立場からははなはだ危険なことで、よほど慎重にさせないと、理解を伴わない機械的作業の名手（？）を作る恐れがあります。

**　機械的に計算を解くのであればコンピュータの方がはるかに適しており、人間に必要なのは計算のみを機械的にする能力ではなく、その意味を理解し応用することにある**のです。

　「論理的理解」は、抽象的な高度な学習をすすめるためにどうしても必要なものです。しかし、その根本には「直感的理解」がなくてはなりません。「直感的理解」のないところの「論理的理解」は、論理的な組み立てについては解っているが、物事の本質の理解はできていない。つまりテストの問題は解けても、実社会には何の役にも立たない表面だけの形式的な理解である可能性が大きいのです。

■第三段階　構造的理解

　「構造的理解」とは「論理的理解」の一種で、「論理的理解」のより高度なものだとお考えいただければ解りやすいと思います。「論理的理解」は「ＡならばＢ、ＢならばＣ、Ｃならば・・・」のような１つずつの積み重ねで、いわば「線的理解」とでも表現できる理解の仕方です。それに対して「構造的理解」は「面的理解」、「空間的理解」とでも言いましょうか、単純に論理の積み重ねを理解しているだけではなく、論理構造の全体を把握して、全体を俯瞰（上から大きくながめること）できる理解のことを言います。これは様々な論理的理解を活用できる応用性を持った高度な理解と言えます。

　直線的な「論理的理解」は、夜道を車で走るようなもので、どちらの道を行くか、どこの交差点で曲がるかを知っていれば、目的地に正しく着くことはできます。しかし見えているのは精々ヘッドライトの照らしている数１０メートル先ま

でです。もし一旦途中で道を間違ってしまえば、修正するには例えば間違った地点まで戻るなど多くの労力が必要です。

　面的、空間的な「構造的理解」は、晴れた日の上空からの映像を車内で見ながらドライブするような、あるいは地図上に現在位置が正確に表示されるカーナビゲーションシステムを見ながら運転するようなもので、全体を把握（はあく）しての最も効率のよい行動です。ですから、道をあやまって違うところへ行ってしまうなどということはほとんどないでしょう。また、万が一間違ったとしても最短最良の方法で修正できるのです。

　「構造的理解」は深い理解のことであり、そこまで達してしまうとそれは大変有効なものです。しかしそのためには時間も労力も費やさなくてはなりませんので、限られた時間しか与えられていない中学入試に向けての勉強については、**「構造的理解」を身に着けさせる指導をしない学習塾がほとんど**です。しかし私たちはそれを正しいとは考えません。中学受験にこそ、「構造的理解」が必要だと考えています。その理由は大きく２つあります。

　１つは子供の将来のことを考えてのことです。表面的な理解、あるいは手順をたどるだけの浅い論理的理解では、いずれ高度な理解を必要とするレベルに至った時に壁にぶつかり、今まで勉強を教え込まれてこなかった子供よりかえって伸び悩む恐れがあるからです。

　もう１つは、**時間も労力も必要な「構造的理解」の方が、実は中学受験では、かえって近道なのだ**ということです。中学受験のみならずどんな受験でもそうですし、また受験に限らず、学ぶということは全てそうなのです。

　例えば算数はいくつもの単元に分けることができますが、それぞれの単元が１つ１つ全く完全に独立しているものではありません。速さの単元の理解が割合の単元の理解の手助けとなることもあるし、また逆の場合もあります。他の諸々の単元についてもそうです。単元１つ１つを深く理解することは、同時にまだ習っていない他の単元の理解の手助けにもなっているのです。つまり「構造的理解」の方が時間も労力も必要だけれども、長い目で見れば、その方が短い時間と少ない労力にも関わらず深い理解を得られるということです。

　小学生で方程式を教えないのは、小学生の段階ではまだ x や y など抽象的な記号の操作ができる発達段階に至っていないこともありますが、**方程式を使って解くことでは「構造的理解」につながらないと考えられている**からです。

M.access　　　　　　　　　　- 34 -　　　　　　　新・中学受験は自宅でできる

このように「構造的理解」とは理解の本質であって、「学ぶ」ということはこの「構造的理解」を目指したものに他なりません。同時に「直感的理解」「論理的理解」「構造的理解」はそれぞれお互いに補助しあって成り立つものですからどれも大切なものです。しかし「直感的理解」をないがしろにした表面的な「論理的理解」をすすめる早期教育や満点とれるまで同じ問題を機械的に解かせる指導、「構造的理解」まで理解を深めようとしない進学塾の詰め込み授業は、子供のために決して良くない指導法であることをしっかりとお分かり頂きたいと思います。

理解こそ大切！

第五章、学力の三要素

■読解力

●読解力は大変重要だ

　私たちは、**全ての学力の基礎である「読解力」**を大変重視しています。

　例えば算数で「太郎君の年齢は何歳ですか」という問題に子供が「次郎君の年齢」を答えてしまう場合や、国語で「花子さんの気持ちを答えなさい」という問題に「・・・だから」と理由を答えてしまう場合など、読解力のなさが直接子供の学習に影響をおよぼしていると考えられることがたいへん良くあります。

　また、「読解力」が**子供の思考力に根本的に影響を与えている**ことも考えられます。私たち日本人なら、口に出したり書いたりする場合だけでなく、頭の中だけでものを考える時にも「日本語」を使っています。アメリカ人なら英語、フランス人ならフランス語でものを考えているようにです。ですから私たちが日本語を国語として使用している以上、算数や理科の論理的、科学的な問題を解くときも、その**思考の基礎には「日本語」の思考の働きが必ずある**のです。よって十分な読解力なしには算数や理科に関しても理解が十分に深まらないと言えます。

　これらのように、「読解力」は全ての学力の基礎として、どうしても挙げておかなくてはならない必要不可欠な能力なのです。しかしながら、多くの学習塾ではこの「読解力」をあまり重視していないように思われます。

　読解力を上げることに正しく力を注いでいる一部の学習塾を除いて、ほとんどの進学塾では国語の授業は、おおむね次のような形式で行われています。

　　＊読解力・・・「問題集のような問題」の、設問を解かせて解説をする形式。（あるいは解説をして設問を解かせる形式。）
　　＊漢字、言葉、文学史など・・・家で覚えさせ、確認小テストでチェック。
　　＊文法事項・・・授業で、解説と問題演習。

　「漢字、言葉、文学史など」と「文法事項について」は特に問題ありませんが、読解力の指導方法には、大きな難点があります。

　上記、「＊読解力」のところで、『「問題集のような問題」の、設問を解かせて…』と書きました。「問題集のような問題」とは「元は長い文章だったものの中から

一部分を抜き出して、それについて問いを設ける」形式の問題のことです。この形式のことを水島は「**長文切り抜き問題**」と名付けています。市販のほとんどの読解問題集がこの「長文切り抜き問題」形式です。また、塾で使われている読解の教材も、ほとんどがこの形式です。

　入試問題についても、一部は意味の完結した「章」や「段落」で出題されていることもありますが、多くが「長文切り抜き問題」形式で出題されています。模擬テストも同様です。「入試で出題される形式ならば、その形式で教わるのが効率が良いのではないか」このようにお考えの方もいらっしゃると思います。しかし、私たちは「長文切り抜き問題」は入試の半年ぐらい前に開始するのが良いと考えています。むしろ余り早くから「長文切り抜き問題」を解かせるのはかえって害になる、あるいは「長文切り抜き問題」を解く時間を別のことに使う、例えば読書の時間にあてるなど、読解力を上げるに良い他のことをした方が、ずっと読解力はつくだろうと考えています。

● **「長文切り抜き問題」は読解力を上げる手助けにはならない。**
　物語文、論説文、随筆、詩歌など、文章は色々な分野に分けることができます。いかなる分野の作品であっても、作者（筆者）の意見や訴えたいことを読み取るためには、文章を最初から最後まで読まなければなりません。**全体を通して読んでこそ、作者（筆者）の本当の意志が見えてくる**のです。いかに高い読書能力をもった読者であってもそうです。作者（筆者）の真意をつかむためには、文章の隅々まで目を通し、じっくりと考える必要があります。

　もちろん一部分を読んだだけでも作者（筆者）の言わんとすることのおおよそをつかめる場合もあります。しかしそれはあくまでも「おおよそ」であって、文章の一部分を読んだだけで作者（筆者）の言いたいこと全てをつかんだと考えるのは非常に危険です。また「おおよそ」がつかめるのは、高い読解能力を持った読者であればこそであって、読解能力の未発達の読者には難しいことです。**文章を理解するためには文章全体を読む**。これが読解の基礎です。

　読解力のない子供は、当たり前のことですが、文章全文を読み抜く力を持っていません。おそらく読書など、文字を読んだ経験が少ないのです。物語文でも説明文でも構いません。たくさんの読書の経験をつんだ子供は、「起承転結」や「序破急」などといったことを教えなくても、文章の構成というものを体で理解

しています。読書経験の多い子供にとっては、「起→承→転→結」と話が展開してゆくことなど当然のことなのです。ところが読書経験の少ない子供、文章を読んだ経験の少ない子供は、文章の構成を体で納得していないので、例えば「筆者のもっとも言いたいことは何ですか」と尋ねられても「？？？」。筆者の言いたいことがどこにあるのかも想像できないし、ひどい場合には「筆者の言いたいことって、どういう意味？！」。子供がこういう状態であれば、当然長い文章の一部分だけを読んで、文章全体を推測することなどできません。「長文切り抜き問題」などは解けないということです。

　塾では、「長文切り抜き問題」が解けないから「長文切り抜き問題」を解かせる。しかし、文章全体を読んで理解するという力のついていない子供にいくら「長文切り抜き問題」を解かせたところで、解けるようにはなりません。解けないからまた「長文切り抜き問題」を解かせる。解けない。また「長文切り抜き問題」を解かせる。解けない・・・。延々これの繰り返しです。お母さんいわく、「**大手進学塾でもう２年も国語を勉強していますが、全然成績が上がらないんです。**」

　読書とは自分の知らない世界を見ることです。自分の知らない世界を見ることはとても素晴らしい楽しい経験です。ですから読書はとても面白い興味深いことのはずなのです。なのにそんなに素晴らしい読書という行為をさせてもらえる国語の授業が苦痛になってしまってはいないでしょうか。もし子供が「国語の授業が嫌いだ」と言うようであれば、それは子供のせいではなく、本来楽しいはずの読書を嫌いにさせている何かに原因があるのです。その原因の１つに「長文切り抜き問題」を解かせることが挙げられます。読解力をつけるためにがんばって塾へ通っているのに、読解力がなければ解けない問題を解かされ、読解力のないことを知らしめるられような授業ばかりされては苦痛なだけでしょう。

　では、国語の点数を上げるためには、どういう学習をすればよいのでしょうか。

　国語のテストは「長文切り抜き問題」です。先に述べましたように、「長文切り抜き問題」を理解し解くためには、切り抜かれて与えられた部分以外の部分、テストの問題用紙には書かれていない部分までもを、大まかに想像できる読書力が必要です。書かれていない部分まで細かく推察しないと解けないような高度な読解力までは要求されない問題であっても、少なくとも出題された範囲は時間内に隅から隅まできちんと読んで理解する必要があります。そのためには普段から、**完結した文章の端から端まで読む訓練を重ね、文章とはどういうものかというこ**

とを体で会得しなければならないのです。

　　（問題文のうち必要な部分だけ読んで答を出せばいいという指導をしている学習塾もありますが、その指導法は明らかに間違いです。読む範囲が少なくて全体を理解するためには、かなり高度な読解力が要求されます。必要な部分だけ読んで答を出せるという生徒には、そもそも読解指導を必要としないのです。必要な範囲だけ読んで答を出せばよいという指導は読解力を上げるための指導ではなく、**すでに高度な読解力を持つ生徒に教えるテクニックの１つに過ぎません**。読解力の身についていない子供には**百害あって一利なし**です。）

　文章全体を隅から隅までしっかりと読み、そしてその文章に「面白い」と感じたり、「なるほど」と感心させられたり、あるいは「いやそれはおかしい」と反論を持ったりして、いろいろ考え成長することが「読書」です。「読書」できることが読書力であり読解力でありますから、読解力を上げるには、長い文章でも最初から最後まできちんと読めるよう訓練することが最も良く最も速い方法なのです。

　「学問に王道なし」と言われるように、**読解力をつけるにも王道はありません**。読書を重ね、文章をきちんと読めるようにすることが、遠回りのようで実は王道なのです。

● **「長文切り抜き問題」は読解力を低下させる恐れがある。**
　前段で『「長文切り抜き問題」は読解力を上げる手助けにはならない』と述べましたが、「長文切り抜き問題」を解かせることは読解力を上げる手助けにはならないどころか、むしろ読解力を低下させる恐れがあります。ここ、大切ですから、しっかりご理解ください。

　読解力が十分身についていないのに「長文切り抜き問題」を解かせるとどうなるか。一言で言えば「本質の違った答え方をする」ようになります。ご説明するには具体例を挙げるのが最も良いのですが、挙げ出せばきりがないぐらいたくさんの症例がありますので、ここでは１つの例を挙げてお話致します。

M.access　　　　　　　　　　　－39－　　　　　　　新・中学受験は自宅でできる

設問「Ａについて表した十五字以内の一文を答えなさい。」

　この問題に対して、読解力のある子供は、まず「Ａ」に関連する内容の書かれていたあたりに目を付けます。そして設問の主旨に合うように解答に相応しい部分を追い詰めてゆきます。解答に合いそうな部分を見つけるとそこで初めて「十五字以内」という設問の条件に合うかどうか字数を勘定します。

　ところが読解力のない子供は、設問で「Ａについて表した…」と問われていても、Ａに関する内容が書かれている場所を想像できないし、Ａそのものが何を意味しているか理解できていない場合もあります。すると読解力のある子供のようにおよその目星をつけて解答を探すことなどできませんから、とにかく「十五字以内の一文」という言葉だけを頼りに、**端から順に探さざるを得ない**のです。

　設問が「二字の熟語」であれば、二字の熟語を文章の端からチェックしていかなければならないし、「どんな気持ちですか」と問われれば、気持ちの現れていそうな場所を片っ端から見ていかなければならないことになってしまいます。これは読解力のある子供が問題を解く方法に比べて、はるかに効率の悪い方法です。また偶然に頼らなければ正答に至りません。

　問題は、こうして**片端から題意にあう内容や言葉を探すという作業を「読解」だと子供たちが体で覚えてしまう**ことです。このような悪いクセがついた子供は、「長文切り抜き問題」を解く時のみならず、**読書そのものを「目で答を探すこと」だと思ってしまう恐れ**があるのです。

　「長文切り抜き問題」をさせることは、例えて言えば、泳げない子を海に突き落とし「さあ泳げ」と言っているようなものです。泳げない子を海に突き落としたところで、泳げるようになるどころか水に対する恐怖心が生じ、かえって水泳から遠ざかるでしょう。あるいは「溺れるものは藁をもつかむ」、とにかく助かるために流木でも何でも手近なものにすがり付くでしょう。これと同じように**読解力がついていないのに「長文切り抜き問題」をさせると、国語が嫌いになるか、誤った方法で問題を解くか**、のいずれかになります。

　問題を解き始めると「これの**答は、どの辺りに書いてあるの？**」と聞く子供がいます。こういう子供は「長文切り抜き問題」を解かせられたことによって読解が苦手になった典型的なパターンです。

　このように「長文切り抜き問題」をさせられると、読解力が上がらないどころ

か、かえって悪い影響が出てしまいます。そして悪いクセがついてしまった子供を治すには、大変な時間と労力がかかります。非常に大雑把ですが、仮に悪い教え方で1年間教えられていたら、それを治すのに1年ぐらい費やさなくてはならないのです。2年間教えられていたら2年間ぐらい治療に要するでしょう。（これは算数や他の科目でも同じ）　感性を育てる大切な時期に、これがどのくらい大きな意味を持つかお分かりになるでしょうか。もし小学4年生から1年間、このような悪い教え方をされていれば、治すのに1年ぐらいかかるので、つまり小学4年生、5年生の2年間、大切な時間を棒にふることになります。もし4年生、5年生と「長文切り抜き問題」をさせられていれば、もちろん中学受験には間に合わないし、それよりも何よりも中学のより高度な国語の授業についていけなくなってしまう可能性があります。

　「長文切り抜き問題」は元々読解力のある子供にはそれなりに有効な方法ではあるけれども、読解力のない子供に読解力をつけさせる手立てにはなりません。むしろ読解力を低下させる原因になるのです。

　「長文切り抜き問題」をさせることには、読解力を上げる効果はありません。むしろ読解力の成長を阻害するものであると述べました。ではどうして多くの学習塾は国語の授業に「長文切り抜き問題」を導入しているのでしょうか。

　その理由に、どうすれば子供の国語力が上がるかという明確な方法が確立されていないことが挙げられます。

　国語力の重要な要素である読解力の基礎となる力には、ひらがな・カタカナ・漢字をスラスラと読める「**読字力**」、言葉の意味を知っている「**語彙力**」、文の構成を理解する「**論理力**」、文章の背景を理解できる様々な「**経験**」や「**知識**」、文の行間を読み取れる「**想像力**」、登場人物に共感したり反感を持ったりする「**感性**」など、ざっと考えただけでもすぐにいくつか挙げることができます。これらの中で、「読字力」と「語彙力」については、その力を判断するのは比較的易しいことです。しかし、「論理力」「経験」「知識」「想像力」「感性」などといったものは何かで測定できるものではありません。その上それらは**全て複雑にからみ合っている**ので、何が不足しているかは明確には分からないのが現状です。

　このように、どうすれば国語力を上げることができるのかまだ明確な方法が確立されていない現状では、子供の国語力が上がるか上がらないかは、国語担当の

先生の資質によるところが大きくなります。確固たる信念と国語指導に対する経験や自信を持った先生と、そうではないチェーン店形式の大手進学塾のサラリーマン先生とでは力量の差は明らかです。指導技術の低いサラリーマン先生を雇っている**進学塾では、「長文切り抜き問題」を解かせて解答するという形式の授業しかできないのです。**

（※エム・アクセスでは、国語力≒読解力の不足のほとんどは、①文字を読む力の不足　②読んだ文字を意味化する力の不足　の２つに起因すると考え、その対策である**「視・聴・話・写　2 × 2 route ＋ 1」**というオリジナルメソッドで対策をしており、非常に高い効果を上げています。）

■思考力

　思考力とは理解する力および自分から進んで理解しようと努める力のことです。

　例えば先に述べました植木算（P26）の例で言いますと、両端に木が植わっている場合は

　「＋ 1」、植わっていない場合は「－ 1」と、丸暗記で分かったような気になっている状態ではなく、その場面を図に描け、そしてなぜ「＋ 1」なのか「－ 1」なのかが詳しく説明できる力のことです。また、今まで習ったことのない問題でも、今まで理解したことを応用して何とか解こうとする力のことです。

　ふるい効果をねらった詰め込み授業を受けていたり、大量の宿題を出されていたりすると、多くの子供は「理解」ではなく「暗記」で解こうとします。「これは植木算で両側に木が植わっているから『＋ 1』をすれば良いのだな」という具合にです。これをパターン学習といいます。パターン学習とは、自分の知識の中にある問題の解き方のパターンに当てはめて解く学習スタイルのことです。パターン学習は、同じ単元の問題をくり返しさせられることによって身につく悪い学習のクセで、**その時は点数がとれるので理解した気になってしまいますが、本当の力はついていません。**思考力とは対極に位置するものです。パターン学習のスタイルが身についてしまうと、単元ごとのテストや模擬テストではそこそこ点数がとれるが総合問題には弱くなってしまいます。偏差値では十分足りている学校に不合格になってしまう。**パターン学習は本番の入試では力が出せないタイプの子供をつくります。**

逆に思考力の十分身についている子供は、模擬テストの成績より本番の入試の方がいい点数を取ることがしばしばあります。偏差値では「ちょっと難しいかな」と思われるような学校にでも合格してしまう子供は、概して思考力の高い子供です。

　思考力の高い子供は、答を教えられることを嫌がります。思考力の高い子供にとって、「解く」という作業が面白いのであって、答はその結果に過ぎません。逆にふるい効果をねらっての詰め込み授業を受けているような子供は、とにかく答を出して今のクラスに留まろうあるいは上のクラスに上がろうと考えているので、解く経過を考えることより正しい答を書くことを望みます。山のような宿題を出されている子供は、とにかく宿題を終らせることが重要なことであって、正答を写してでも宿題を終えようとします。

　思考力の高い子供は、私たちにも思いのよらない奇抜な解答法を見つけることがあります。誰にも聞かずヒントももらわず、自分の持っている能力のみで解こうとしますので、誰も考えたことのないような解き方をすることがあるのです。その解き方は決してスマートではなく、たいがいは遠回りをしている時間のかかる解き方なのですが、時間が余計にかかっても自分で解く方法を見つける子供は、後々ぐんぐん伸びてゆく素晴らしい素質を持った子供です。

　毎週のように単元ごとの確認テストを受けさせられ、それでクラス分けや志望校を決められるような状況に置かれていると、どうしても1週間の単位で子供の出来不出来を判断してしまいがちです。とにかくパターン学習でも何でも、その週のテストの偏差値が高ければそれで良いと考えてしまいがちです。しかしそれは大きな間違いなのです。本当に子供のためを考えているのならば、仮に今時間がかかっても、**理解する力および自分から進んで理解しようとする力、つまり思考力を養う指導をする方が、子供にとっては良いこと**なのです。

■記憶力

　暗記のみの学習、パターン学習は子供の思考力を低下させる悪い指導法ですが、**暗記そのものが悪いのではありません。**

　記憶することが次の思考力を生み、またその記憶が次の思考力を生む。思考力と記憶力は切っても切れない密接な関係にありますので、記憶力を高めることは

たいへん重要なことです。

　記憶は大きく分けて、瞬間記憶と短期記憶、長期記憶があります。瞬間記憶は、デタラメな記号や文字などを数秒間ないしは数分間記憶していることです。短期記憶はいわゆる「一夜漬け」で、精々一日、テストが終ればなくなってしまう記憶です。長期記憶は、ある記憶した事項が他の事項と密接に関連し合って、新たに記憶した事項だけでなく関連した事項全ての記憶を強化し、また理解を深めるものです。毎週の確認テストに必要な記憶は短期記憶で、思考力を高める記憶や受験に必要な記憶は長期記憶です。**学習とは記憶した事項が構造的に整理されていなくては成り立たない**ものです。理解を伴う長期記憶をすることは、子供たちに是非とも必要な学習の１つです。（「第八章、記憶力の伸ばし方（P64）」参照）

■テレビ、テレビゲーム、スマホの弊害

　まずは、どうしてテレビやスマホが子供にとって良くないのか。子供に与えるそれらの悪影響を挙げてみましょう。

●テレビ・スマホの情報は、ほとんどが虚構であり、実体験の時間や考える時間を減少させる。

　有益な情報ならともかく、無益あるいは有害な情報は**時間を浪費**させるだけでなく、見た人に**誤った観念を植え付ける**可能性があります。

　子供にテレビやスマホを**無条件に見せる**ということは、見せてはいけない有害な情報まで子供に与えていることになり、大変良くないことです。

　また全く無害なものであったとしても、それが子供にとって有益でないならば、子供は貴重な時間を無駄に浪費していることになります。テレビ・スマホの無駄な１時間を読書に当てられたら、どれだけ子供にとって価値ある時間になることでしょうか。読書でなくても構いません。１時間野球をすれば、１時間花を摘めば、１時間自転車に乗れば、１時間友だちと話せば、１時間友だちと喧嘩すれば、子供にとってどれだけ有益かわかりません。あるいは１時間何もせずにぼーっとしていても、１時間睡眠をとっても、テレビを見ているよりはるかに良いでしょう。

　睡眠の重要性は、もうたいへん多くの科学データが出されており、異論のないところです。子供には十分な睡眠時間を与えましょう。

また、ぼーっとしている時間が子供にとっていかに必要であるか、それが子供の脳の成長に良い影響を与えているというデータも、最近は多く見るところです。

●特にゲームは人間の感性を奪う。

テレビやスマホでできるゲームの多くは、「こちらの気持ちによってどう相手の気持ちが変わるか」というような、感性と感性のぶつかり合いがありません。相手の気持ちを考えるという高度な精神活動を必要としないゲームは、当然相手の気持ちを考えるという、**人が人として生きてゆく上で最も大切な感性を明らかに鈍化させます**。

●テレビ・スマホは情報の一方通行であり、思考力を低下させる。

テレビ・スマホの情報の多くは、人に考えることを要求しません。なぜなら、それらは娯楽であり疲れた心身をいやすものだからです。ですから多くは見る者の頭を使わせないような構成になっています。

このように、**人に考えることを要求しない、頭を使わせないようなものを見続けている限り、思考力が上がるはずがありません**。

●テレビのバラエティ番組は品性が低く、日本語の語感、語彙力を低下させる

バラエティ番組では「わたし的には」「食べれませんよ」など、単語や文法の誤った使い方が、もう当たり前のように頻繁に出てきます。とんでもないことですが、ニュース番組でのアナウンサーの使う言葉にもおかしな用法のものが結構あります。これらの言葉を当たり前のように聞かされていれば、とても正常な語感が身につくとは思えません。

加えて語彙の貧しさも問題です。腹がたったり悔しかったり、悲しかったり辛かったりする気持ちを、全て「むかつく」の一言、良いことも悪いことも「すごい」でしか表現できないような貧困な語彙力しか持たない出演者による番組が、子供の語彙力を向上させる訳がありません。

また、画一的な下卑た笑いや、他人を嘲笑したり揶揄する発言などが当たり前にでてくるバラエティ番組は、人の気持ちを慮ったり、行間に隠された作者の真意を読み取ることが必要な、文学作品の読解という行為からははるか遠く離れたものです。

これは**学力に悪い影響を与えるだけではなく**、先にも述べましたように、人間が人間として生きてゆくために必要な感性をも鈍化させるものです。このようにバラエティ番組は、学力に悪い影響を与えるからだけでなく、人間の心にとっても悪い影響を与える可能性が大きいので、特にまだ心の未発達な子供たちにはできるだけ見せないことを私たちはお勧めします。

●**ネット情報は、もっとひどい？**

きちんと管理者のいて責任の所在が明確になっているウェブサイトなら、まあまあテレビと似たり寄ったりです。しかし、**匿名（ハンドル）の、誰が書いたか分からない、誰が責任をとるのかが明確でないサイトは、正確でない情報、ウソの情報、誹謗中傷、ヘイトスピーチなどなど、かなり問題があります。**

またご存じのように、いわゆる「**学校裏サイト**」と呼ばれる子供同士の隠れたサイトなどもあり、それが「いじめ」の温床になっているという指摘もあります。

もちろんそれら中には、良いもの、正しいものもいくつかは含まれているでしょう。しかし、数からいうと圧倒的に質の悪いものの方が多く、そして**子供はそれらの良否を見分ける力が、まだないのです。**

●**テレビ・スマホは視神経を過度に疲労させる**

テレビやスマホの画面を長時間見続けることは、視力を低下させるなど成長期の子供の目に悪い影響を与えることは良く知られたことです。また必要以上に神経に負担を与え、子供の情緒に悪い影響を与えることも示唆されています。

●**テレビ・ゲーム・スマホをどう与えるか**

どんな薬にも副作用（副反応）があります。食事においても、人間の体に良いもの悪いものの両者が含まれています。ある１つの栄養素が必ず人間の体に良いとも言えず、薬と同様、その栄養素にも人間の体にとって良い作用と悪い作用が共存しています。

世の中に１００％良いものも、１００％悪いものもありません。また、現在「良い」と考えられているものも、もしかしたら本当は「悪い」のかも知れないし、反対に現在「悪い」と考えられているものが、実は「良い」のかも知れません。

すべては、**良い要素と悪い要素とのバランスの問題で、バランスを考えてうま**

く利用することが大切なことです。

　テレビもスマートフォンも、それらで遊べるゲーム類も、子供にとって「良い」か「悪い」かというと「悪い」の要素が大きいのは、間違いないでしょう。しかしながら、同時にそれがもう広く普及してしまって、今さら「テレビは一切見せない」「スマホは大人になるまで持たせない」ということができない社会情勢であることも、否定できない事実です。

　ですから、**テレビを「どう見せるか」、スマホを「どう持たせるか」が、親の責任**であると、私たちは考えます。

●**親の管理**

　テレビにしてもスマホにしても、親御さんがきちんと管理をすることが重要です。子供に無条件に与えるというのが、一番よくありません。

　時代の趨勢とはおそろしいもので、今から１０年前は、中学生、高校生に携帯電話（ガラケー）を持たせるか、持たせないかで、親御さんは悩んでいらっしゃいました。私たちの教室エム・アクセスでも、当時は「教室内に持ち込み禁止」でした。

　ところが今は、「安全のため」「子供と連絡をとるため」などという理由で、小学生でも（子供用）携帯を持つのが当たり前になりました。スマホについてなら、小学生で３割、中学生で６割、高校生なら95％の子供が所有しているという情勢です（内閣府統計　平成29年）。

　これで「うちの方針として、スマホは与えません。」とするのは、なかなか大変でしょう。というより、子供の友達関係などを考えると、ほぼ無理でしょう。時代の流れとも言えますし、みんなが持っているからという理由で持たせるのも、しかたのないことかも知れません。

　しかし、だからと言って、親の責任が消えたわけではありません。**「みんなが持っているから」というのは、免罪符にはなりません。**親が許可して与えたものについては、最後まで親の責任がついてきます。

●**具体的に指示**

　「テレビのチャンネル権は、１日１時間」や「スマホ（携帯）は、午後８時以降は親が預かる」などのように、具体的にルールを決めてください。また、それ

に違反した時のルール、例えば「3日間使用禁止、親が預かる」なども、具体的に決めましょう。

　そして、**親がそのルールを必ず守る**、という点が重要です。「（少しぐらいだから）今回だけですよ。今度ルールを守らなかったら、預かるからね」というのが、一番良くない対応です。

　「今回だけ許す」というのは、つまり「一回だけならルール違反をしても構わない」ということを教えているにすぎません。子供がこれから社会に出て生きていくのに、この「少しぐらいならルール違反は許される」ということを覚えてしまうのが、最も良くないことなのです。ルール違反を許すぐらいなら、最初からルールなど作らないほうが良いのです。

　スマホは、子供のこづかい程度の金額のものではありません。与える以上は、きちんと責任をもって与えてあげてください。

【 実 践 編 】

第六章、読解力の伸ばし方

■読解力とは

　読解力とは、まずは「文を読んで、その内容を理解する力」のことです。読めないのにその文章を理解することは不可能ですから、国語の得意な子供は、少なくとも文章を読む力は高いということです。私の経験上、**国語の成績が上がらなくて悩んでいる生徒は、まずは文章を読む力が劣っている場合がほとんどです。**

　ですから、国語の成績を上げるためには、文章を読む力を高めればよいのです。文章を読む力を高めるためにはどうすればよいか。簡単です。文章を読ませれば良いのです。つまり。読書をさせる、です。

●読解力を上げるには、まず読書

　読解力をつけるには、まず読書をする（読書ができる）ことが必要です。これはほぼ間違いのないことです。まずは、スラスラと本が読めるようにならなければなりません。

　「いや、うちの子は本が好きで、本当に良く読みますが、国語の成績は今ひとつです。」という親御さんもいらっしゃいます。はい、そういう子供がいるのも事実です。

　「読書が好きで国語の成績が上がらないのなら、読書をさせる必要はないのではありませんか。もっと他に、効率の良い方法があるのではありませんか。」　そういうお尋ねもあります。しかし、それは間違っています。まずは**読書ができない限り、読解力が伸びることはありません。**

●読解力 ⊂ 読書力

　読解力が高ければ、必ず読書力も高いのです。

　次ページ図の【Ａ】の部分は、【読解力】が高い部分です。この部分に入っている子供は【読書力】が高い。

　図の【Ｂ】の部分は、【読書力】は高いが、【読解力】は低い。【読解力】には文章を読む力以外にも様々な要素が必要ですから、【読書力】は高いが、【読解力】

は低い、ということはありえます。そういう子供は、図の【B】の部分に属します。

図の【C】の部分は、【読書力】の低い子供です。この部分に入っている場合は、図からお分かりのように、必ず【読解力】も低いのです。

これは数学的に表現すると、

「読解力 ⊂ 読書力」

（読解力は読書力に含まれる

読解力は読書力の部分集合）という関係にあると言えます。

文章を読む力（読書力）が低いままで、読解力を上げることは不可能です。どうしたって無理です。

「国語は論理だから、読書力が低くても、論理の力を鍛えることで読解力が上がる。」という手の問題集が一世を風靡して、「国語は論理」「論理の国語」といった問題集・参考書が、本屋さんの棚１つ、右から左、上から下までを占領するかのようにぎっしりと並んでいた時期もありました。しかし、**論理では国語は上達しない**ことが知られてしまい、今はどうですか？

もちろん読解力に論理が必要なのは言をまちません。それは国語だけでなく、全ての勉強について言えることです。

●読書の苦手な子には

自分からすすんで本を読むようになればそれにこしたことはありませんが、読書の嫌いな子供、読書の習慣のついていない子供にとって**読書は大変な作業**ですので、なかなか自分からはできないものです。自分から読書をしないので、読書が苦手なのは治らない。読書が苦手であれば読解力も上がらない。これは卵が先かニワトリが先かの議論によく似ています。

読書の嫌いな子は

　　読書をしない　→　読解力がつかない　→　読むのがつらい

　→　読書をしない　→　読解力がつかない　→　読むのがつらい

　　　→　読書をしない・・・

という悪循環におちいっているのです。

誰でも最初は自転車に上手く乗ることができません。できないからといって練

習しなければいつまでたっても乗れるようにはなりません。現在自転車に乗れる人はそれなりに練習したことでしょう。何度もこけてひざ小僧を擦りむいたり、場合によってはべそをかきながらも、お父さんやお母さんの応援を受けて練習したのでしょう。そうやって子供心にも少々つらい思いをしながら自転車に乗るという技術を得たのです。

読書が苦手な子供は、自転車に乗れない子供と同じです。読書が苦手な子供は読書が得意になるように、読書の練習をしなければなりません。ただし、自転車の練習でどうしても嫌がっている場合や疲れて集中力が欠けている場合には少し休ませた方がよいように、読書も本人がどうしても嫌がっているとか疲れている場合に無理にさせるのは良くないでしょう。また自転車に乗れないことを責めないで厳しいながらも愛情をもって教えることが大切なように、読書しない（できない）ことを責めずに、読書の大切さを教え、できる範囲で応援してあげることが大切です。

では実際に、文章を読むの不得意な子、読書をあまりしない子に本を読ませるにはどうすればよいでしょうか。

■十回音読

読書をしやすい環境を親が与えたとしても、やっぱり読まない子供は読みません。強制すれば、読んだフリはするかも知れませんが、それは目で字面を追っただけ。あるいは挿絵を見ただけ。場合によっては挿絵すら見ていないかも知れません。

そういう子供さんには「十回音読」がおすすめです。

●十回音読とは

十回音読とは、本（文章）の**同じ範囲を十回連続して**、声を出して読むことです。

●十回音読の方法

読む本（文章）はどんなものでも構いません。子供さんが気に入ったものなら最も良いし、およそ学校の教科書レベルのものが良いでしょう。

年齢によって異なりますが、例えば小学校３〜４年生ぐらいなら、教科書３ペー

M.access 　　　　　　　　- 51 -　　　　　　　　新・中学受験は自宅でできる

ジぐらいを目安にしてください。教科書の文章でキリの良い３ページ分ぐらいを、続けて１０回音読させましょう。「今日は５回で明日も５回で、合わせて１０回」というのは、効果が薄くなります。その日、その場で、連続して１０回音読をさせます（低学年なら５回程度でも良い）。

　子供に音読をさせている間、お母さん（お父さん）は、教科書を見ながら、正しく読めているかどうか、確認してあげてください。読みまちがい、文節の切れ目のおかしいところなどは、その場で正しく修正してやります。

　最初はたどたどしかった音読が、１０回連続で音読すれば、１０回目にはスラスラと読めるようになります。できれば毎日１０回音読をしましょう。１０回目でもスラスラと読めるようになっていなければ、次の日も同じ文章で１０回音読をしましょう。

●十回音読の効果
　十回音読を、毎日（週に５日程度）を**最低半年は続けてください**。半年続けていただくと、学校の成績や模擬テストの点数など、数字として、読解力の向上が目に見えてわかります。おそらく３カ月ぐらい続けていただくと、子供さん自身が「あれ、以前より少し国語がわかるようになった気がする」と、自覚できるでしょう。**他の国語の勉強を一切しないでも、十回音読だけで、目に見える効果がある**でしょう。十回音読を半年続けて、**初見の文章がスラスラと読める**ようになれば、１つ大きな壁をクリアしたと言えます。

　進学塾などでの国語の授業は、よほど上手な先生でない限り、かえって妨げになっていることが多いので、おすすめはしません。特に長文切り抜き問題（P37）は、読解力の高い子供以外には、読解力を下げる可能性が高いので、なさらないことをお勧めします。国語の苦手な子供には、十回音読だけで十分効果があります。

　読解が苦手な原因は大変たくさん考えられます。またいくつかの原因が複雑にからみ合っていることが多く、苦手の原因の究明は大変難しいものです。「音読」をさせることは、読解の苦手な原因を探る大変良い手助けにもなります。

■１日１０分から始める読書の時間

　読書の習慣をつけるために、毎日１０分の読書時間をとることが大変有効です。

　毎日朝晩歯を磨くように、毎日例えば就寝前などと時間を決めて、読書を習慣化するとよいでしょう。年齢の低い場合や読書の苦手な子供の場合は、毎日５分から始めても結構です。３分でも構いません。大切なのは毎日することです。１日１回、短い時間でも必ず本に向かうことによって、少しずつでも文を読む力がついてゆきます。

　本来読書というものはとても楽しいものです。本の中に入れば空を飛ぶこともできる。魔法を使うこともできる。動物と話すこともできるし、自分が動物になることもできる。恋の体験もできれば、死の体験もできる。人間一人の一生では味わえない素晴らしい体験を与えてくれる読書というものは本当はとても楽しいものなのです。しかしその楽しさを味わうためには、**少しばかりの我慢が必要です**。本の中に引き込まれるほど面白いと感じるには、最初の数行あるいは数ページは、面白さを感じなくても我慢して読まなければなりません。じっと座っていることも必要です。そのわずかの我慢を乗り越えればとてつもなく楽しい世界が待っているのです。しかし**読書の苦手な子は、その楽しみに至るところまでたどり着けないのです**。

　この最初のわずかの我慢を乗り越えさせることが、毎日１０分の読書時間を習慣化することなのです。

　本を読みやすい環境を整えることも、親の役目です。

　本を読もうという気になっても、興味を引く本がなければ読む気は失せるでしょう。いくら親が「これは面白い本だよ」と薦めてみても、好みは人それぞれ違いますから、親が面白いと思っても子供には面白くない本なのかも知れません。ですから、できるだけたくさんの本を用意しておいて、子供本人に好きな本を選ばせるというのが良いと思います。

　子供向けの本２０冊、３０冊程度は、本棚に並べておいてください。これが一番です。

　通うのが不便でなければ、図書館で自由に本を選ばせて読ませるのも良いでしょう。

　また、お母さんが普段から読書をなさっていることも必要です。**自分は本を読**

M.access　　　　　　　　　　- 53 -　　　　　　　　新・中学受験は自宅でできる

まないのに、子供にだけ本を読ませようというのは虫の良すぎる話です。子供は親の背中を見て育ちます。少なくとも毎日１０分の読書時間には、お父さんお母さん揃って本を読むようになさると、より自然に子供は読書になじんでゆきます。

　スマホやテレビはできるだけ控えて下さい。読書よりスマホ・テレビの方が楽に情報を得ることができますから、読書とスマホ・テレビならどうしてもスマホ・テレビの方を見てしまう傾向があります。大人でも楽な方があればそちらに流れてしまいがちです。子供ならなおさら読書より楽なスマホ・テレビを選んでしまうでしょう。普段からもスマホ・テレビはできるだけ見せないようにした方が子供のためには良いのですが、少なくとも読書の時間には、スマホは電源 OFF（消音、**マナーモードではなく OFF** です。読書中にスマホが「ブルブル」すると、意識がそちらに行ってしまいますね）、テレビも消して、読書に集中できる環境を作るようにして下さい。

　いくつかの学校で、始業前や昼休み前後の１０分間を、読書の時間として導入しておられるようです。１０分読書の時間を導入しているある学校の先生から直接お伺いしたことによると、わずか１０分のことでも毎日行うことによって、さまざまな良い影響が表れてきているとのことです。国語の成績が上がるのはもちろんのこと、その他集中力がついた、私語が減った、他の科目の成績も上がったなど、色々とよい結果が出てきているそうです。

　読書の苦手な子供には、ご家族全員での１日１０分の読書習慣をつけることもお勧めします。

■低学年には読み聞かせから

　赤ちゃんの成長には、大人、**特にお母さんからのさまざまな働きかけが不可欠な要素**です。抱いたり話し掛けたり、頭をなでたり、子守歌を唱ったり、お母さんは赤ちゃんにさまざまな働きかけをすることで愛情を表現しています。このお母さんからのさまざまな働きかけを受けることで、赤ちゃんは愛されていることを認識し、豊かな感性をもった大人へと成長してゆきます。この働きかけを十分に受けていない赤ちゃんは、心身の発達がおくれたり、場合によっては精神に異常をきたすことが報告されています。外界よりの働きかけが全くない場合には死に至ることもあるということです。赤ちゃんへのさまざまな働きかけは成長に大

きな影響を与えており、心身の成長が健やかな子供には、お母さんからの十分な働きかけがなされていることが分かっています。

　言語の習得は、お母さん（大人）が話す言葉を聞くことから始まります。お母さんが話す、つまりお母さんの赤ちゃんへの働きかけが、言語を身に付けてゆく最も根本となるものなのです。言語の習得についても、お母さんによる子供への働きかけが、その能力を左右する大きな要因であると言えます。

　乳幼児や低学年など読書力のまだ未発達の子供には、読み聞かせをすることが読解力を上げる最も効果がある方法の１つです。言語の習得は言葉を耳で聞くことから始まります。また言語から想像を膨らませるという心の作業は、お話を聞いてでも文字を読んででも同じなのです。ですから読み聞かせは、読解力の基礎になる力を養う非常に良い方法です。

　年齢が上がっても、読解力の付いていない子供には、読み聞かせは良い指導法の１つです。また読解力の付いている子供にでも、読み聞かせをすることは良いことです。ただ読解力の高い子供は、自分で読んだ方が自分のペースで読めるので、概してお話を聞くより自分で読むことを好むものです。しかし読み聞かせが悪い影響を与える訳では決してありません。

　「読み聞かせばかりしていると、自分から本を読もうとしないのでは？」というご質問を受けることがあります。確かにあまり読み聞かせばかりしていれば、自分から本を開くという機会が少なくなる場合もあります。しかしタイミングを上手く見計らって、自分でも本を読んでみるように勧めると、子供一人でも読んでみるようになるものです。一人で読もうとしない場合は、子供と一緒に並んでお母さんも読んであげると良いでしょう。あるいは、例えばお母さんと子供が一文ずつ交代で読むのも、子供に自分で読ませる機会を作る良い方法です。それでも読むのを嫌がる場合は次の方法を試してみて下さい。

　まずお母さんが子供に本を読んであげます。この時読む本は、今まで一度も読んだことのない、子供が内容を知らない話にします。読み進み、そして話が佳境に入ってきます。子供はとても興味を持って、目を輝かせて聞きいっています。さあ、お話はどう展開するのでしょう？　どのような結末になるのでしょう？最後の結末をむかえるほんの少し手前で、お母さんは読むのをやめるのです。「そして王子さまはお姫さまを無事助けることができたでしょうか？　それともお姫

さまは魔女に捕らえられてしまったのでしょうか？」こう言うと、子供は自分の想像で色々答えることでしょう。そして結末がどうなったか知りたがるでしょう。そこでお母さんは「用事があるから、お母さんが読むのはここまでね。」と本を置きます。そして「続きはここに書いてあるわよ。」と本にしおりを挿んでおいてあげます。こうすると、お話に目を輝かせて聞き入っていた子供なら、ほとんどが続きを読もうとするでしょう。わずか数行でもいいのです。自分の目で読んで感動を得るという経験を繰り返しすることによって、読書のおもしろさ、読書の値うちを知るのです。**読書の面白さを知った子供は、もう親が何も言わなくても、自分から気に入った本を見つけてきて読むようになります。**本当に読書好きになってしまえば、むしろ「本ばかり読んでいないで・・・」と心配することになるかも知れません（笑）。

　学年が上になれば、読み聞かせをしなくても、例えば「あらすじ」を興味深く語ってやるだけで、読書をするようになることもあります。現に私たちは、結論の手前や話が最も盛り上がる所で読み聞かせを終える方法や、あらすじを興味深く語る方法で、何人もの読書嫌いの子供に、自ら進んで本を読ませることに成功しています。

　「高学年の子供に読み聞かせは幼稚なのではないでしょうか」というご質問を受けることもあります。しかし「読み聞かせ」が幼稚であるなどということは全くありません。

　「物語」とは「物を語る」という意味からできた言葉で、元々は文字ではなく口から出る言葉で伝えられたものです。大昔の時代だけではなく、今でも「物・語り」は大人にとっても大きな楽しみの１つです。例えばドラマやお芝居は映像の付いた「物・語り」です。講談や落語は立派な「物・語り」ですし、漫才なども「物・語り」と言えるかも知れません。テレビでトークショーが人気を呼んでいるのも、「語り」を聞くことが楽しいからでしょう。このように、年齢に関係なく、「物・語り」を聞くのは大変楽しく、豊かな心を育んでくれます。もちろんバラエティトーク番組より、素晴らしいお話の読み聞かせは、はるかに良い影響を子供たちに与えるに違いありません。

M.access　　　　　　　　　　- 56 -　　　　　　新・中学受験は自宅でできる

■読み方・意味から始める漢字や熟語

　どんなに「読み聞かせ」されることが好きで「物語」の楽しさを知っている子供でも、字が読めなければ本を読むことはできません。ひらがな・カタカナが読めないという子供はいないでしょうが、たくさんある漢字の中には、当然読めないものが出てきます。熟語も含めると子供にとっては膨大な数の読めない文字があることになります。読めない文字があるとそれだけで読むのが嫌になります。

　またひらがなで書かれていても、子供にとって知らない言葉は無数にあります。知らない言葉が多ければ多い程、読むのが苦痛になり、読書から遠ざかるでしょう。

　漢字や熟語、言葉の意味などは、全く知らない言葉でも文の前後関係からおおまかな意味を捕らえることができます。本をたくさん読んでいると何度も出てくる言葉の意味はおよそ理解してしまいます。言葉を覚えるということはまさにそういうことで、実際は本よりも日常会話の中で徐々に言葉を覚えてゆくのです。

　読書の好きな子供は、日常会話に加えて本の中から言葉を学んでゆきます。したがって、読書好きの子供は読書嫌いの子供に比べてどんどん語彙を増やしてゆきます。こうして読書好きの子供はますます本を読むのが得意になって、読書嫌いの子供はいっそう読書が不得意になってゆくのです。

　読書を好きにさせるためには、これらの障害をできるだけ取り除いてやる必要があります。

　例えば漢字についてなら、**最も良いのは、ルビ（ふりがな）の多くふってある本です。**漢字が難しいからと「水ぎ（水着）」や「大じん（大臣）」などのように、熟語の一部をひらがなにしてあるものはお勧めしません。**漢字は表意文字であり、また視覚的にとらえるもの**ですから、「大じん」のような書き方は、子供の語彙力を上げる手助けにはなりません。名作を集めた本のシリーズの中には、漢字の難易に関わらず全ての漢字にルビのふってあるシリーズもありますので、そういう本を選ばれるのが良いでしょう。

　言葉の意味については、多くの場合、文章の難しさと言葉の難しさは密接に関連していますので、子供に合った程度の内容の本であれば、知らない言葉が出てきてもだいたい意味をつかむことができます。もし意味の分からない言葉について子供がその意味を知りたいと考えた時、適切に答えてあげることのできる人が

M.access　　　　　　　　　　　　　　　新・中学受験は自宅でできる

子供の側にいるというのが最も理想です。

　よく「分からない言葉があれば辞書をひきなさい」と教えることがあるようですが、私たちは必ずしもそれを正しいとは考えていません。辞書をひいて理解できるためには、すでにある程度高度な読解力がなくてはなりません。例えば「河がとうとうと流れている」という文の「とうとう」という言葉が分からないとしましょう。辞書を調べると、「水が盛んに流れる様子」「水が豊かに流れるさま」などと書かれています。この辞書の説明を読んで意味が理解できるためには、まず少なくとも辞書に書かれている漢字が読めなければなりません。また、「盛ん」「様子」「豊か」「さま」などの意味が分かっていなければなりません。それら漢字の読みや意味が分かっていたとしても、果して「水が盛んに流れる様子」「水が豊かに流れるさま」という辞書の説明を読んだだけで「とうとう（滔滔）」の意味を十分理解することができるでしょうか。それは難しいことでしょう。百聞は一見にしかず。「とうとう」の意味を理解するには、実際に「とうとう」と流れている河を目の前にして「これが『とうとう』と流れている様子よ」と教えるのが最も良い方法です。

　「とうとう」の意味を目に見えるように説明するのは、ご家庭ではすぐには無理かも知れません。しかし後々、実際にそういう場面に出くわしたり、テレビで大きな河の映像が放映されたりした時に「ほらこれが『とうとう』よ」と教えてあげることができます。また多くの言葉は、実際に何かを見せたり聞かせたりなど体験させることによって、あるいは身ぶり手ぶりで説明することによって、理解の手助けをすることができます。それは子供にとっては辞書の無機的な言葉よりはるかに分かりやすい良い説明であることが多いのです。

　子供が言葉の意味を分からないと思った時、できるだけ早く疑問に答えないと、子供は意味の分からない言葉があったことをすぐに忘れてしまいます。また、文章の内容が体にしっかり付いている、まさに読んでいるその時こそが、言葉の意味の説明を最も受け入れやすい時です。ですから、読書中に出てきた意味の分からない言葉については、子供が疑問に思っているうちにできるだけ早く説明する必要があるのです。

　言葉の意味の説明は、一番身近にいる人がしてあげるのが最善です。ご家庭でならお母さん、お父さんが身近な存在でしょう。もちろんおじいちゃん、おばあちゃんでも結構です。もしお母さんにも分からない言葉があっても、それはそれ

M.access　　　　　　　　　- 58 -　　　　　　　　**新・中学受験は自宅でできる**

で構いません。大人は辞書をひけば良いのです。子供は親の背中を見て育つと言う通り、お母さんが辞書をひく姿を見ている子供は、自分から辞書をひこうという気持ちを持つようになるのです。

　本を読むためには字が読めること、言葉の意味が分かることはどうしても必要な条件です。子供がこれらの疑問を持った時、できるだけ早くその疑問を解決できる環境を整えることが、子供を読書好きにする1つの大きな要素であると、私たちは考えています。

■文の構成の理解

　正確に読解を行うためには、正確に文の構成を理解する必要が有ります。

　文の構成を理解するとは、具体的には文の**修飾・被修飾の関係を正確にとらえること**です。修飾・被修飾の関係は、実は全ての子供たちがその原則については理解していることなのです。そうでなければ言葉は話せませんし、会話が成り立ちません。修飾・被修飾の構造が簡単なものでは理解できるが、それが複雑になると理解できないあるいは説明できないというのが、多くの子供たちの場合です。また、修飾・被修飾の関係を、会話では正確に理解しているが文になれば分からないという子供もいます。

　ですから言葉を話せない、人と会話ができないという特殊な状態でない限り、適切な訓練さえすれば、文の構成は誰でも十分正確に理解することができます。

　私たちの教室ではベテランの指導者が子供たちに適切な訓練をさせていますが、ご家庭で文の修飾・被修飾の関係を理解する訓練をなさるには、適切な教材を与えることが大切です。

M.access編集の「文の組み立て特訓」「文の並べかえ特訓」の各種（認知工学刊）がお薦めです。

第七章、思考力の伸ばし方

■パズルで伸ばす

　新聞の娯楽欄にクロスワードパズルや数字のパズル、図や絵で解くパズルなど幾種類かのパズルが載っていたりします。同様のパズルが一冊の本となって出版されてもいます。最近では本屋さんの1コーナーを占めるほどたくさんのパズル本が出版されているようです。

　このような**パズルは、思考力を養うのに最適の教材**となります。パズルによって思考力は高まりますし、思考力の高い子供はこのようなパズルを好む傾向にあります。

　パズルは「ああでもない、こうでもない」と頭をひねって正解を見つけることに楽しみがあります。この**「ああでもない、こうでもない」と頭をひねることが思考力そのもの**なのです。パズルの好きな子供は思考力が高く、例えば算数の問題も、パズルのように解く過程を楽しみます。解く過程を楽しむということは、まさに思考力の訓練そのもので、算数の力でもあります。パズルの好きな子供は算数の問題を楽しんで解き、楽しんで解くからより一層算数の力がつくという良い循環をします。

　パズルは自発的に行える楽しい行為です。そして思考力を高める非常に良い教材となります。思考力を高めるために、積極的にパズルを利用することをお勧めします。

　出版されているパズル本は大人向けのものが多いようですが、子供を対象にしたものも増えてきていますのでそれを利用なさると良いでしょう。また、大人向けのものに少し手を加えることによって、子供でも楽に解けるようなパズルにすることもできます。

　適度な難易度のものを与えると、子供は喜々として取り組みます。「勉強だよ」と言って与えると嫌がるものでも「パズルだよ」と言って与えると喜んで取り組むものです。自発的に解こうとすることによって脳の活性化レベルが上がり、思考力を上げるにはたいへん良い効果があります。

　現在はパソコンという文明の利器が普及し、それにつれてパソコンで動くゲームやパズルがたくさん作られてきています。その中に思考力を伸ばすパズルもたくさんあります。フリーウエア（無料ソフト・アプリ）として配付されているも

のもありますので、お探しになるのもよいと思います。

■論理ゲームで伸ばす

　将棋や囲碁などは、「ここに行けばこうなる。そうすると次はこうなるから、その次はこうすれば良い・・・」のように論理的な思考力を必要とします。「AならばB、BならばC、CならばD・・・」という論理の積み重ねは全ての学問に通用するものですが、特に**算数はまさにこの論理の積み重ねの学問**です。算数の得意な子供は「AならばB、BならばC、Cならば・・・」という積み重ねを、より深く理解できる子です。逆に算数の不得意は子供は、この頭の中での積み重ねが苦手な子供です。およそ小学生ならば「AならばB、BならばC、CならばD」という三段階以上踏める子供は良くできる子供です。「AならばB」という一段階の積み重ねまでしかできなければ、算数は苦手の分野にはいる子供でしょう。

　将棋、囲碁など論理ゲームはトランプやマージャンなどと違って、駒は対戦す

**将棋、囲碁、オセロ、
連珠（五目ならべ）、
チェス、立体四目ならべ
などは
思考力を伸ばすのにとても良い。**

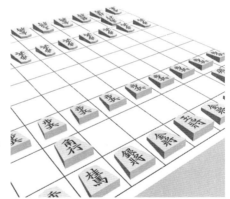

る両者に全て公開されていますので、運に左右されることがありません。勝負は対戦者の実力のみによって決まります。このようなゲームのことを論理ゲームといいます。

　論理ゲームの実力は、「考えること＝論理の積み重ねをすること」に左右されますので、ゲームをしている内に**自然に論理的思考力が高まります**。算数の勉強ではなくてゲームであるということは、強制でなく**自発的に子供が考える力をつける訓練**をすることになりますので、子供の思考力を上げるのに大変良い効果が

あります。

　論理ゲームは将棋、囲碁以外に、オセロ、連珠（五目ならべ）、チェス、立体四目ならべ、などがあります。小学生にはオセロや五目ならべが入門としてよいでしょう。またマルペケ（三目ならべ）やはさみ将棋なども低学年には良い論理ゲームです。

■発達段階と思考

　思考力は、子供の発達段階と非常に密接な関係があります。あることを理解するのにはその発達段階に達していなければならないのです。難しい問題をさせることがいいことだとばかり、発達段階に達していない内容を無理に教えるのは、子供にとって苦痛でしかありません。子供の発達を細かく見極め、その段階に合わせた内容を与えることが最も子供の思考力を上げるよい方法です。

　一つ、おおよその発達段階の例を挙げてみましょう。

＊小学低学年・・・「りんご3つ」を表すのに、実物のりんごでなくそれを絵に書いたもの「🍎🍎🍎」や「○○○」で理解できる。

＊小学中学年・・・

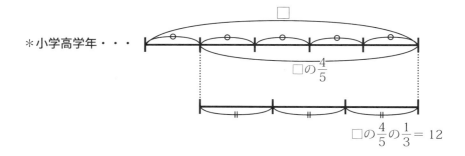

＊小学高学年・・・

のように、目に見える物でない抽象的な概念（ここでは割合）を線分図に表すことができる。

＊**中学生**・・・（□をxとおくと）　　$x \times \dfrac{4}{5} \times \dfrac{1}{3} = 12$

$$x = 12 \times 3 \times \dfrac{5}{4}$$

$$= 45$$

のように、抽象的な方程式を扱える。

　したがって、小学低・中学年の子供に、割合の線分図問題を解かせたり方程式を扱わせたりすると、実は**全く意味を理解していないのに操作だけで解いているという可能性があります**。「第四章、子どもの発達と理解の３段階（P29）」で述べたように、理解を伴わない機械的な操作を教えることは、かえってその子の思考力を低下させる恐れがあります。発達段階を良く調べもしないで、ただひたすら先の学年の計算問題をさせるような指導法もありますが、私たちはそれは全くお勧めしません。

　M.access では、知能テストや読書力テストなど各種テストを組み合わせて用いたり、ベテランの講師が子供と直接対峙し指導することによって、その子の発達段階を的確につかんで最も適切な課題を与えています。

第八章、記憶力の伸ばし方

■電話帳型記憶からひきだし記憶、顔形記憶へ

　誕生日にプレゼントをもらってうれしかったことや、運動会の１００ｍ走でころんでしまって悔しかったことなど、過去の経験は覚えようという意識なしに記憶しているものです。また、社会の年号や英単語のように、一所懸命覚えようという意志をもって覚えた記憶もあります。このように記憶には、大きく分けて、覚えようとする意志の伴うものと伴わないものがあります。

　このうち学習では、覚えようという意志を伴う記憶、つまり「暗記」をしなければなりません。暗記にも幾つかの種類、方法があって、できるだけ楽に覚え、なおかつ忘れにくい方法を取るべきです。

　例えば「５７年…奴の国王が金印をもらう／２３９年…卑弥呼が魏に使いを送る／３９１年…朝鮮出兵」や「a …１つの／ ability …能力／ able …能力のある／ aboard …船中に／ about …〜について」などというように、前から順にとにかくひたすら覚える方法があります。これは一般に「丸暗記」と言われている方法で、暗記の中では最も効率の悪い方法です。こうして覚えたものを、私たちは「電話帳型記憶」と呼んでいます。

　これに対して丸暗記よりはるかに効率の良い暗記法が幾つかあります。

　１つは、「奴の国王困難（５７）乗り越え金印もらう／卑弥呼さん不作（２３９）をよそに魏に使い／サンキュー行（３９１）くぞ朝鮮出兵」などと語呂合わせで覚える方法です。

　また、「mountain …山／ hill …丘／ slope …坂／ field …野原／ jungle …ジャングル／ beach…浜辺」などのように、同じ種類に属するものを整理して覚える方法もあります。

　他にも、覚える内容を視覚イメージに置き換えて記憶する方法、声に出して音声から記憶する方法など、効率の良い方法が幾つも考案されています。私たちはこれらの記憶法を「引き出し型記憶」「顔形記憶」「語呂合わせ記憶」などと呼んだりしています。どんな記憶法でも良いのですが、覚える内容によって子供にあった暗記法を選ぶと、より効率のいい記憶ができるでしょう。全ての方法とその内容をここに書き切ることはできませんが、それぞれ独立した暗記法として幾つかの本が出版されていますので、それを参考になさると良いと思います。

M.access　　　　　　　　　　- 64 -　　　　　　　新・中学受験は自宅でできる

■日付けと印で忘れたころに暗記しなおす

　暗記の得意な人と不得意な人がいます。しかし暗記の得意な人と不得意な人とで、特別に脳の構造が違う訳ではありません。**暗記が得意だということは、暗記を効率良く行う方法、あるいは暗記したものの定着を良くする方法を知っているということなのです。**

　知識を問う確認テストを行って、良い点数がとれなかった生徒が次のように言い訳をすることがあります。

　「昨日ちゃんと勉強して覚えたんだけどなあ。」

　「ついさっきまで覚えていたのに、今忘れてしまった。」

　それは「覚えた」とは言わないんですよ（笑）と思いながら、「覚える」とはどういうことかを子供たちに説明してやります。

　子供たちは、例えば歴史の年代を覚えている時に、一度見たことのある年代や用語について、**「見たことがある」という記憶を「暗記した」とカン違いしていることがあります。**また正答をみた直後あるいは数分以内に自己チェックをして、それで正しく答えられたら、それを「覚えた」とカン違いすることもあります。

　「暗記する」とは「覚えること」というより「思い出せること」と言った方が正確であろうと私たちは考えています。したがって暗記するとは「覚える」訓練ではなく**「思い出す」訓練**をすることなのだと言えるでしょう。

　効率良く記憶を定着させるためにはどうすればよいかを、具体的にお話しましょう。

　効率良く記憶を定着させるためには、**復習をすることです。**ただし、やみくもに復習をしても効率は良くありません。**復習で重要なのはタイミングです。**

　初めて暗記をしてのち第１回目の復習は、その翌日から２日後ぐらいまでが最も適当です。記憶量は、最初に覚えてから２４時間までが最も良く減衰し、２４時間を超えるとその減衰する率が小さくなります。したがって２４時間以内に復習を行うのは、まだ十分に記憶が減衰しておらず思い出す訓練にはなりにくいので、復習（思い出す）の効果は薄くなります。また暗記してから１回目の復習までの期間があまり長過ぎると、今度は思い出そうとしても思い出せないものが多くなってしまうので、これまた復習の効果が薄れます。暗記学習した翌日に復習する。次は１週間後に復習、そして１カ月後に３度目の復習をするというのが理

想の復習方法でしょう。３度も復習すると時間がかかって大変だと思われますが、１度目より２度目、２度目より３度目の方が復習に要する時間は少なくなりますから、３度といってもそう大変ではありません。むしろこのような効率の良い復習法を取らなかったために、また一から覚え直すこととくらべれば、３度復習する方がはるかに時間がかからず、楽に覚えられること間違いなしです。

　復習する日は「１・１・１」（１日後、１週間後、１月後）」と覚えておくと良いでしょう。全く「１・１・１」通りにしなくても、暗記学習した日から１〜３日後に１回目の復習をし、１〜３週間目に２回目の復習をすると、かなり効果は高いと言えます。どんなに遅くとも１回目の復習はひと月以内に行って下さい。ひと月を超えてからの復習はほとんど「思い出す」ことにつながらず、最初の暗記の努力の多くが無駄になってしまいます。

　人によって定着は異なりますし、同じ言葉なのにどういう訳か覚えやすい言葉、覚えにくい言葉などがありますから、自分なりに覚えやすいと思える復習の間を見つけてください。

　どの問題をいつ復習すれば良いかを忘れないようにするために、問題集に日付け・しるしをつけることは、暗記学習の良い手助けになります。日付け・しるしによって、ここはどの位覚えている・覚えていない、ここはいつ復習したかなどを明確に分かるようにすると、より効率良く暗記をすることができるのです。

　例えば **M.access** のクラスでは、生徒は各自のテキストに、暗記をした**日付け**と、覚えた度合いによって**○×△？のしるし**を記入しています。覚えたらチェックをし、しるしをつける。またチェックをしてしるしをつける。またチェックをしてしるしをつける…。この繰り返しによって、記憶を定着させるのです。そして、日付けとしるしによって復習をし、全て覚えたら確認テストを受けることになります。

　理解も、記憶と同じように日がたつにしたがって定着の度合いが減衰しますので、この「日付け、しるしをつける」復習方法は、暗記のみならず他の勉強一般に利用することができます。

■寝る子は覚える

　私たちの経験で、本当に頭の良い子、つまり理解力や応用力が高く、記憶力にも優れ、精神が安定していて落ち着いて学習の進められる子供には、共通の特徴があります。**1つはあまりテレビを見ないこと・スマホ中毒になっていないこと**です。

　もう1つは睡眠を十分にとっていることです。テレビの弊害については「テレビ、テレビゲーム、スマホの弊害（P44）」で述べましたので、ここでは睡眠の重要性についてお話致します。

　私たちの経験上、睡眠を十分とっている子供は、概して思考力の高い子供です。きちんとしたデータはとれていませんが、経験上、睡眠時間と思考力には明らかに因果関係があると、私たちは考えて来ました。

　日々研究は進歩し、睡眠についても数々のことが明らかにされています。それらによって、私たちが経験から感じていたことも裏づけがなされつつあります。

　その1つとして、睡眠が子供の学力に大きな影響を与えている、というものがあります。

　また、睡眠は暗記を手助けする大きな要素であるという研究結果も有ります。理解にも睡眠が大きく関わっていることが分かっています。睡眠中に脳は理解の再構築も行っているのでしょう。

　さらに、特に小学生の場合、睡眠不足は次の日の体調不良を招きがちです。せっかく前の晩に遅くまで勉強しても、学校や塾の授業時間に眠たくて集中できないということであれば、結局勉強に集中している時間は少なくなり、遅くまで起きていても起きていなくても同じことになります。

　成長ホルモンなど、子供にとって重要な数々のホルモンが、夜眠っている間に分泌されているということも報告されています。子供の理解力の成長はその発達段階と大きく結びついています。成長の早い子供の方が高度な理解力も早くつくのは当然、つまり良く眠る子供の方が成長が早く理解力も高いと言えるでしょう。

　このようにさまざまな影響を考えますと、学習時間を1時間増やしたところで、その分睡眠時間が削られるのであれば、1時間の学習効果よりむしろ睡眠時間の削られた弊害の方が多くなると考えられます。夜更かしさせればさせる程、頭は悪くなるのです。**夜の遅くまで、塾に通わせたり宿題をさせたりなどすることは、**

かえって子供の思考力や暗記力を損なっているのです。

　昔の人は経験に基づいて私たちにさまざまな教訓を残してくれています。「**寝る子は育つ**」。これもその１つです。子供の心身の発育のためには、十分な睡眠時間をとることは欠かすことのできない大切なことなのだということを、昔の人は良く分かっていたのでしょう。

第九章、良い教材の選び方

■やってみて７割程度は自力で解ける教材

　多くの進学塾では、子供の能力以上に難度の高い教材や課題を与えることによって、塾のステータスを守ろうとしている部分があります。また、私立中学を受験するのだからと、子供の実力以上に難しい教材を与えるお母さんもいらっしゃるようです。しかし難しい教材・課題を与えるということは、よほど上手く指導しない限り、かえって子供の思考力ややる気を低下させることになりかねません。

　子供が自力で解けない難問を与えるということは、解き方を教えなくてはならないことになります。この**「解き方を教える」という作業は、学習指導の中の最も難しいことの１つ**で、子供の思考力、知識、理解度、やる気などなど、たくさんの要素をかんがみて、どこまで教えてどこまで教えないかを正確に判断しなければならないことです。**思考力とは、理解する力および自分から進んで理解しようと努める力に他なりません**ので、「教える」という行為は場合によっては「自分から進んで理解しようと努める力」を阻害することになりかねません（「第二章、難問を教え込む４つの弊害（P16）」参照）。ですから**ベテランの教師ほど、教えるという作業には細心の注意を払うもの**です。

　与える問題が難しければ難しい程、教える量が増えることになります。教えることはコストのかかることですし、下手な先生に教えてもらったらかえって子供の思考力が削がれることになり、教えられる子供にとってもつらい作業になります。もしお母さんがお教えになることになれば、場合によっては親子関係を悪化させることにもなりかねません。

　子供に与えるのに適当な教材や課題は、子供が問題を解いてみて**高学年で自力でおよそ７割程度解ける**ものが、最もその子に合った教材です（**低学年なら９割程度以上自力で正解できる教材**が合っています）。

　問題集を解いてみて、子供が自分自身の力のみで７割程度正解できれば、それは子供にとって大きな自信となります。また、できなかった残りの３割の問題も、わずかなヒントやちょっとした工夫で解けるようになりますから、子供にとって達成感が高く、自分から進んで理解しようと努める力が高まります。また教えなくて済むあるいは教える量が少なくて済むということは、余計なコストをかけな

M.access　　　　　　　　　- 69 -　　　　　　　新・中学受験は自宅でできる

くても良いということで、親子ともども楽な学習になります。

　反対に、子供が自分一人では５割程度以下（低学年なら７割程度以下）しか正解できないような問題集を与えると、子供にいくつかの大きな心理的負担を与えることになります。

　まず、解くのがいやになります。問題嫌い、勉強嫌いを作ってしまうのです。また、解ける問題より解けない問題の方が多いと**「解けなくて当たり前」という心理状態が作られてしまいます。**

　これらは「自分から進んで理解しようと努める力」をつぶす要因になり、仮に今日解けなくても１カ月後なら解けたかも知れない問題、半年後なら解けたかも知れない問題が、以後ずっと解けなくなってしまいます。それは、本来なら将来に渡って伸びてゆく子供の可能性を摘み取ることになりかねないのです。

　復習や、再び同じ問題に取り組むことは非常に良いことなのですが、解けなかった残りの問題を解かせようと思っても、５割程度以下しか解けなかった問題集の残りの問題は、その子供にとってやはり難しすぎる問題でしょう。難しすぎる問題の解説をすることは、子供の主体性を無視して、とにかく教える作業が多くなってしまいます。あるいは下手な指導者の場合、**解き方そのものを教えるという、最もしてはいけないことをしてしまう**恐れもあります。

　そういう教え方をされれば、子供にとっては自分で考えて解いた問題ではないので、その時は分かったつもりになっていても、翌日になればもう分からないということになりがちです。「××中学に合格するには、この程度の問題ぐらい解けないといけない」とばかり、**子供の現状に合わない難しすぎる問題を与えるのは、結局、子供のためにはならず、往々にして悪い結果を招きがちです。**

　もちろん易しすぎる問題集も「易しすぎてつまらない」ということになり思考力を上げる手助けにはなりにくいので、適度な難易度の問題を与えることは、問題集を選ぶ上で最も大切なことの１つです。「子供が自分の力のみで７割程度解ける問題集や課題」をその目安としてお選び頂きたいと思います。

■難易度の相関と進展

　次に、問題進展の構成から見た良い問題集についてご説明致します。

　良い問題集は、例題とその他の問題が、うまくつながるように作られています。

例えば「例題→類題→練習問題→」と難度が上がるように構成された問題集の場合、良い問題集では「例題」にあった問題と同種の問題が「類題」として出されていて、「類題」にあった問題と同種の問題が「練習問題」として出題されています。悪い問題集では、「類題」とは名ばかりでその「類題」を説明した「例題」が一問もない、あるいは「練習問題」について説明した「例題」「類題」が全く無いというようなことがあります。そのような悪い問題集では、「例題→類題→練習問題→」という表題は、設問のつながりを考えず、単に易しい問題から難しい問題へと並べてあるだけのことです。子供の理解の段階を踏まえたり、理解の構造を分析した上での構成ではありません。

また、易しい問題から難しい問題への**ステップが非常に細かく作られているものも良い問題集**です。もちろんそれぞれのステップへと、同種の問題がうまくつながっている必要があります。　例えば、「例題→類題→基本問題→練習問題→発展問題Ａ→発展問題Ｂ」のように、６段階のステップをふんでいると、同じ種類の問題で、難易度の異なる６つの問題を学習することができます。

また、難度のステップが粗くても、その分、解説が詳しければ、比較的良い教材であると言ってもよいでしょう。

■初級者ほど書き込み式がよい

ノートに整理して書けるというのは、それだけで高い学習能力を持っていることを物語っています。一般には高学年になればなるほどノートを整理するのが上手になり、低学年であればあるほど、上手くノートに書くことができません。

したがって、学習の初級者であればあるほど、問題集そのものに書き込める形式の問題集が良いと考えられます。小学低学年には、何をどこに書くかが明確に指示されている書き込みやすい教材を選ぶべきです。整理して書けないということはそれだけミスが多くなるということであり、余計な部分で子供の理解定着をさまたげる可能性があります。子供の年齢が低ければ低いほど、出題と答える内容との因果関係がはっきりと分かる「書き込み式」問題集を与えた方が、子供の学力向上には良いのです。

第十章、失敗しない教材・課題の与え方の３原則

■「やってみる？」「うん、やってみる！」

　「この問題集をやりなさい」という強制では、多くは良い結果が生まれません。いくら「これはあなたのためよ」と言ったところで、子供は「やりたくない勉強を無理やりさせられている」という意識から抜けられず、主体的な学習姿勢は身につきません。低学年の間は大人しく親の言うことを聞いていた子供も、４〜５年生ぐらいになると突然「もうこの問題集はしない」などと自己主張を始めるようになったりします。それでも無理に問題集を続けることを強制すると、突然「お母さんは鬼ババだ！」などと罵り始めたりするようになるものです。

　もちろん親が子供に強制しなければならないことはたくさんあります。社会のルール、しつけなどはお尻をたたいてでも強制して覚えさせなければなりません。（「鬼ババ」などという言葉づかいも、しつけの一環として強制してやめさせなければなりません（笑））　また勉強でも、毎日の反復練習が基礎学力となる計算や漢字の練習などは、ある程度強制してもよいでしょう。

　しかし、思考力を高めるという目的であるならば、**強制はマイナスでこそあれ、プラスの要素はほとんどありません**。強制すればするほど思考力は低下します。ですが、何もしなくて学力がつくこともありません。いかに子供をその気にさせるか、勉強が大切なものであるかを説得するかが、お母さんの腕の見せ所です。難しすぎる問題集は子供にとってハードルが高すぎます。「この問題やってみる？」「うん、やってみる！」この程度ならぼくにもできるかも知れないなと思わせるぐらいのレベルの問題、具体的にはそれが「７割程度は自力で解ける問題（P69）」ということになりますが、そのような子供のやる気を引き起こす問題集をお与えになって下さい。「自分から解こうとする」ということが、子供の思考力を上げる最もよい手立てなのです。もし実際に解かせてみて、正答率が７割に満たないようでしたら、別の問題集に変更して頂いても構いません。通っておられる学習塾に、どんな問題集が自分の子供に適しているかご相談なさるのも良いでしょう。優れた学習塾であれば、子供に最も適当な問題集を選んでくれます。子供に合った問題集も推薦できないようでは学習塾としては失格です。

■鬼ババから良きコーチへ

　同じお母さんでも、鬼ババと呼ばれ子供の能力（学力）を悪化させる悪いお母さんと、子供の良き理解者として、また良き指導者として子供の能力を高める良いお母さんがいらっしゃいます。鬼ババと呼ばれるお母さんには、私たちの目から見ても「確かに鬼ババだなあ（笑）」と思えるいくつかの要素があります。

　鬼ババと呼ばれるお母さんの特徴を簡単に列記してみましょう。

●鬼ババと呼ばれるお母さん
１、勉強は、させればさせるほど学力が伸びると考えている。

　ここまで何度も書いているように、勉強量と学力は決して比例するものではありません。過剰な量を与えるとむしろ勉強ができなくなります。子供の精神にも悪い影響があります。

　私たちが「無理に難しい勉強をさせると、かえって頭が悪くなりますよ」といくら繰り返し説明しても、「やればできるはずです。居残りでもなんでも、ムチ打ってでもさせてください。」などというお母さんがいらっしゃいます。冗談だと思われるかもしれませんが、これが本当なんですよ。本当に、家では答を間違うと叩かれたり晩ご飯抜きになるなどという話を子供から聞いたりしますと、「そりゃ鬼ババと呼ばれてもしかたがないなあ」と、その子に同情してしまいます。

２、自分の子供とよその子供を比較する。あるいは兄弟間で比較する。

　「○○ちゃんは××塾の△△クラスに入ったんだって。あなたも負けずに□□塾の☆☆クラスに入りなさい。」

　このように他人との比較でしか子供を見られない親は、間違いなく子供をダメにします。

３、「学年相応」とか「××歳の平均値」などの数字を気にする。

　「２」と同じように、他人との比較を過剰に意識する親は、大変危険です。「ひらがなは××歳までに」などという育児雑誌の記事に影響され、むりやり勉強させているお母さんは、将来鬼ババになる可能性大です。

M.access　　　　　　　　　　　　　新・中学受験は自宅でできる

4、点数や偏差値など結果で評価する。

　ある時点の点数や偏差値は、子供の学力のほんのわずかな一面しか表していません。

5、勉強は根性でするものだと思っている。

　根性も必要ですが、根性だけでは勉強はできません。

6、負けず嫌いである。

7、見栄張りである。

　お母さんが負けず嫌いであったり見栄張りであったりすると、そのことを子供の教育に反映させがちです。つまりよその子と比較して自分の子が劣っていると自己判断すると、過剰（かじょう）な詰め込み教育をしてしまう傾向にあります。

8、自分が子供の頃、詰め込み進学塾に通っていた。

9、自分のお母さんが「鬼ババ」だった。

　自分が子供の頃に詰め込み進学塾に通っていたり、家でスパルタ教育を受けた人は、また同じことを自分の子供にもする傾向があります。

10、勉強は基本的につらいものだと思っている。

11、勉強に関して自分は人より努力した。

12、自分は子供のころは、勉強がよくできた。

　「8」「9」と同じように、自分がした経験をそのまま子供にも当てはめようとする傾向が、人間にはあります。勉強をつらいものだと認識している親は、子供が楽しそうに勉強していたり、与えられた課題を終えて遊んでいたりすると、それ以上に難しい内容の課題や新たな課題を与えようと考えます。子供にしてみれば、約束通り課題を終えたから遊んでいるのに、その上別の課題を与えられたりしたら、そりゃ「鬼ババ」に見えるでしょう。

　おもしろい話があります。

　ご父兄との面談のときに、お母さんだけでなくおばあさん（お母さんのお母さん）もご一緒に来られることがあります。

お母さん：「私も中学受験をしましたから、小学生のころは、学校から帰ってから、毎日3時間は勉強しましたのに。それなのに、ルミはもう、全然、私が言っても…」

おばあさん：「あら、あなた。あなた、小学生のときなんて、全然勉強なんてしなかったでしょう。私が声をかけても、遊んでばかりいたじゃない。私、あなたが家で勉強している姿、見たことないわ。」

お母さん：「まあ、お母さん！　そんなことないわよ。私、すごく勉強していたじゃない！」

おばあさん：「何言っているの。今のルミちゃんの方が、あなたよりずっとたくさん勉強しているわよ。」

なんていう、小さな親子ゲンカが始まったりします。**人間というものは、無意識に自分の記憶を美化します**から、実際以上に「努力した」「成績は良かった」と思いがちなんですね。自分の記憶と子供さんとを比較しないのが、賢明です。

13、頭が固い。

　お母さんの頭が固いと「鬼ババ」になりやすいのです。なぜなら、いくら勉強を過剰に無理強いすることや詰め込み教育が悪いと説明されても、そのことを理解できないからです。

　この本をお読みになっている今、それでも「受験するなら、やっぱり『有名××詰め込み塾』でなくっちゃあね。」と思っているお母さん。あなたがこのタイプです。（笑）

　いくつか「鬼ババ」の要素を列記しましたが、3つ以上あてはまれば「鬼ババ」予備軍、6つ以上あてはまれば、あなたは立派な「鬼ババ」です。9つ以上あてはまるようでしたら、もうすでに子供に悪い影響が出ていると考えてよいでしょう。

●子供をうまく伸ばす、良きコーチであるお母さん

　1、勉強は、させ方によって子供に良い影響を与えたり悪い影響を与えたりすることを知っている。

２、自分の子供とよその子供と比較したり、あるいは兄弟間で比較したりしない。

３、約束は守る。

４、努力や進歩の経過を評価する。

５、なまけたことに対しては厳しいが、できないことに対しては決して叱（しか）ったりしない。

６、理解こそ学習の要点であると知っている。

７、詰め込み進学塾の弊害（へいがい）を知っている。

８、中学受験がダメでも、高校受験、大学受験があると思っている。

９、勉強は基本的に楽しいものだと思っている。

１０、人間の能力は、勉強だけでは決まらないと思っている。

鬼ババであったお母さんも今からでも遅くありません。本当に子供のことを考えていらっしゃるのなら、今すぐ鬼ババは返上なさって下さい。どうか子供の敵ではなく子供の良い理解者となってあげて下さい。できないことに腹をたてたり叱ったりは決してなさらないで下さい。できたことをほめる。そして難しい問題にぶつかって悩んでいるようであれば、励ましてあげたり、適切なヒントを与えたりして頂ければ良いのです。

さあ、**鬼ババから良きコーチへ**と変身して下さい。お母さんの応援は、子供にとって誰よりも一番の勇気となり、子供の能力を上げる最も重要な要素なのですから。

■金メダルも復習から

いかなるスポーツでも、基礎練習と反復練習は決して欠かすことのできないものです。なぜなら、どんな高度な技も基礎力なしには身につかないからです。またくり返しくり返し何度も体が覚えるまで練習しないことには、本番では役に立たないからです。

オリンピックで金メダルを取るぐらいの**世界一流の選手ほど、基礎を重視し、基礎練習を綿密にこなしています**。また技術を定着させるために何度も何度も同じ練習をくり返して行います。これはスポーツだけではなく、芸術やその他の分

野についても言えることです。

　勉強についても基礎練習と反復練習が重要なことは、ほとんどの人が知っていることです。しかしながら、どういう訳か、**中学受験の勉強に限って、特に進学塾における学習では基礎練習と反復練習が軽視される**傾向にあります。

　進学塾では基礎問題より応用問題を解かせることに力を入れています。また反復練習よりも、次の単元、次の単元と、先へ急ぐことを重視しているようです。またそれにつられた一部のお母さん方も、どこの進学塾がより難しい問題を解いているか、どこの塾がより先の単元へ進んでいるかのみに意識を奪われ、肝心の基礎練習と反復練習をどれだけこなしているかを見ていない傾向があります。

　スポーツで、ある技が一度できたからといって、それで完全にマスターしたのではないように、勉強も、問題は一度解けただけではもう一度解けるとは限らないのです。

　例えば算数の問題で、解けない問題があったとしましょう。子供は適切なヒントや説明を受けて、その問題を解くことができました。解き方の説明も正しくできるので、十分理解したと言える状態です。その直後に、同じ単元の他の類題を解かせてみると、ちゃんと正解することができました。ところが次の日、同じ問題を解かせてみると、途中、昨日最初にやって解けなかった所と同じ所で、また解けなくなってしまったのです。

　この子の場合、昨日勉強してヒントをもらい説明を受けた時点では確かに理解していました。しかし今日になってみると解けないのです。これは**「理解」はしたが「定着」まではしていなかった**ことを意味しています。いくら理解してもそれが頭に定着するには理解とは別の要素が必要になります。その要素は、間をおいて復習することです。（「日付けと印で忘れたころに暗記しなおす（P65）」参照）

　基礎学力をしっかりつけること。反復練習をしっかり行うこと。子供が本当の学力を身につけるためには、この２つは決して欠かすことのできない重要なことです。金メダルも復習から、受験合格も復習からです。

第十一章、子どもを伸ばす中学受験の３原則

　中学受験について、「良い中学を選ぶためには、受験をした方が良い。」「いや、無理な受験をさせることは子供に余計な負担を与えることになる。」など、賛否両論あるようです。私たちは中学受験について、中学受験そのものは決して悪いことではない、と考えています。子供本人も受験したいと思い、お母さんもそれを応援なさるのであれば、受験は非常にいい経験になるでしょう。学力を伸ばす大きなチャンスであるとも言えます。しかし問題はそのさせ方にあります。

　中学受験は子供にとっていい経験であり、学力を伸ばす大きなチャンスではありますが、そのさせ方を誤るとかえって学力を低下させたり、勉強に対する意欲を失わせたり、あるいは悪いくせを付けてしまって、将来伸びるはずの可能性という力を全く潰してしまうというようなことも起こります。現実に、２０年ほど前の塾バブルの時期に、詰め込み進学塾に入れられて、伸びるはずの学力をぼろぼろにされてしまった可哀相な子供たちを、私たちはたくさん見てきました。ですからもうこれ以上、一人でもこのような被害にあわないために、子供を伸ばす良い中学受験の方法をここに述べたいと思います。

■成績ではなく学習姿勢と到達度を評価する
●偏差値評価の弊害

　ほとんどの学習塾は模擬テストや確認テストの結果を、その点数や偏差値のみで判断します。お母さんもそれにつられ、どうしても結果の数字に目が行きがちになると思われます。

　大人でも、わりと早く理解するタイプとじっくりと時間をかけて納得するタイプがあるように、子供でも理解の早い子と遅い子がいます。また小学６年生程度では心身の発達段階に個人差が大きく現れています。しかしそのどちらが良いとは言い切れないように、**子供の学力をある時点での点数や偏差値で判断するのは良くないことです**。それが小学６年生の冬など受験まぎわであれば仕方の無いことかも知れません。しかし小学５年生や４年生の時点で、ある１つのテストが良かったから、悪かったからと親が一喜一憂したり、ましてや成績で子供を叱ったりするのは決してしてはいけないことです。

　人には個性があります。子供の発達も子供一人ひとり全て違い、発達の早い子

も遅い子もいます。しかしだからといって大人になった時の能力が本来そんなに違う訳ではありません。（下図のaとb）。しかし、子供の時の発達の差がそのまま大人になっても縮まらない、むしろ差が多くなっていることは、現実には良く見られることです。（図のc）これは他者と比較されるという外的要因によって生ずる差であって、元々持つ能力の差の表れではないと考えられます。

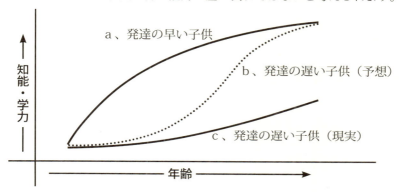

　この説明には、年齢が２～３歳離れた男の子の兄弟の例が適当です。
　２～３歳離れた兄と弟で、兄は良く勉強ができるのに、弟は勉強嫌いでスポーツが得意になるということは、よく見受けられる事例です。これは、兄弟間で能力の比較を受けたため、弟は無意識に兄の得意分野を避けたことが原因と考えられます。年齢が２～３歳の差でかつ同性ですと、何かにつけて比較されやすいものです。しかし子供で２～３歳も年齢差がついていますと、これはもう弟は兄に全く歯が立たない程の能力の違いが生じています。そこでもし兄が勉強が得意でスポーツが苦手なら、弟は勝てる見込のあるスポーツの分野で努力をするようになります。勉強はいくら頑張ったところで兄より高い評価を受けることはないので、努力をしなくなります。兄も弟も元々持つ能力はそんなに違わず、知力と体力共に年齢差以上の違いがなかったとしても、比較評価されるという外的要因により、兄と弟では得意な分野が違ってくるのです。
　これと同じように、進学塾の模擬テストや確認テストで高い偏差値をとった子供は、親からはほめられ、先生の覚えは良く、同じ生徒同士からは「できるやつ」という目で見られるために、無意識のうちに努力を重ねますし、頭も活性化します。逆に塾の模擬テストや確認テストで悪い点しかとれなかった子供は、親には

叱られ、塾では「できないやつ」とのレッテルを張られ、自分でも「勉強は苦手だ」と思いこんでしまいます。

　記号の操作や図形の扱いなどは、どれだけ抽象的な思考ができるかという子供の脳の発達段階に負うところが大きいのです。したがって**小学算数の難問が解けるか解けないかは、子供の努力や元々持つ能力の違いよりも、発達段階の違いの方が多く影響している**と考えられます。本人の努力不足のせいでも、持つ能力の違いでもないのに、ある一定の時期に行われたある狭い範囲のテストで悪い評価を下されることが続けば、間違いなく子供はやる気を失います。**テストの偏差値のみで子供を評価することは、発達段階が上がれば、めきめきと力を付けてくるだろう子供の将来の可能性を摘み取る**ことになります。

　このように点数や偏差値など成績のみで子供を評価することは、大きな危険をはらんでいると言えます。子供の将来のより良い可能性を潰さないで子供を評価するためには、その**学習姿勢を評価**すべきであると私たちは考えています。

●学習姿勢の評価

　学習姿勢とは、どれだけ一所懸命がんばったか、どれだけ集中したか、どれだけ前向きに取り組むことができたかなどです。

　子供は自分に対する評価に敏感に反応します。特に**お母さんの反応は子供に大きな影響を与えます**。得意な範囲でほとんど勉強していないのに高い偏差値がとれたことをほめると、子供は「高い偏差値」がとれたことを評価されたと感じるでしょう。また偏差値が良くなかったけれども一所懸命努力したものについてほめられると、子供は「一所懸命努力した」ことを評価されたと感じるでしょう。あまり努力しないのに「高い偏差値」がとれたことを評価されていれば、もし「高い偏差値」がとれなくなったら受ける評価が下がり、以前より勉強をしなくなるでしょう。逆に偏差値が良くなくても「一所懸命努力した」ことを評価され続ければ、どんな時でも努力を怠らない子供になるでしょう。

　偏差値を見て判断することは新米の先生にでも素人にでもできることです。しかしこの子が**一所懸命努力したのかあるいは手を抜いていたのかは、ベテランの先生やいつも子供の身近にいるお母さんにしか分からないこと**です。子供のことを最もよく分かっていらっしゃるお母さんが、子供の勉強の様子や気持ちを良くかんがみて、ほめたり場合によっては叱ったりなさるのが、子供を伸ばす良い評

価の仕方です。

　模擬テストも確認テストも偏差値そのものが重要なのではありません。テストは、どの単元ができてどの単元ができていないかを判断し、後の学習（復習）に活かすものです。ですから、偏差値の良し悪しで子供を評価するのではなく、**できなかった単元をどれだけ復習したかを評価する**ことは非常に大切な評価の方法です。

●到達度の評価

　成績を評価する場合、１回の成績ではなく到達度を評価することが大切です。

　進学塾にとってはふるい効果を利用するための都合の良いツールでしかない模擬テスト、確認テストの成績も、客観的な学力の評価の１つであることには違いありません。しかしそれは、テストを受けたある時点の一時的な学力にすぎないことを十分理解しておかなくてはなりません。

　客観的な学力の評価として模擬テストの成績を利用するには、「到達度評価」を用いるのが最も良いでしょう。「到達度評価」とは、ある単元について、何回テストを受けても、またそれが何日後であっても、とれた得点や達成した度合いを評価するものです。語学検定の級や武道の段位のようなものだと思っていただければ分かりやすいでしょう。

　M.access では、単元ごとの確認テストは全て到達度評価を用いています。何回目の受験であっても８０％を合格として、満たない場合は、８０％に到達するまで何度でも再テストを受けます。また、８０％を超えて合格している場合でも、何度でも再テストを受け、８０→９０、９０→１００％へと理解度を高めることができます。

　この方法ですと、復習すれば合格に達する、あるいは満点にする可能性がいつでもあります。

　到達度評価はつまり努力の結果を評価することであり、子供の学力を高める面からも子供のやる気を喚起する面からも、大変よい評価方法なのです。ご家庭でも、１回１回のテストの成績で子供を判断せず、どれだけ復習してどこまでやり直し理解したかを評価してあげるようにして頂きたいと思います。

■学力を伸ばすチャンスとしての中学受験

　私たちは中学受験をすること自体は、悪いことではない考えています。中学受験が子供に良い影響を与えるか否かは、受験勉強に対する姿勢に大きく関わっています。

　最も良い中学受験の勉強姿勢は、**受験勉強が合格のためのものだけではなく、自分の学力を上げるためのものであるとよく理解していること**です。学力を向上させるための目標の１つとして中学受験を掲げていると、合格すればもちろんより一層勉強に力を入れるようになります。また仮に不合格であったとしても、合格が最終目的ではないので、志望校ではなくとも中学入学後も努力を重ねることになります。

　逆に最も悪い中学受験の勉強姿勢は、中学合格のためだけの受験勉強だと考えていることです。中学に合格することだけが目的の勉強であれば、もし不合格であれば今まで一所懸命勉強してきた意味が全くなかったことになります。中学受験に失敗してどんどん勉強ができなくなる子供に最も多いのが、「勉強は受験合格のため」と間違った考えを持っていた子供です。受験に成功し志望校に合格した子供でも、受験のためだけに勉強してきた子供は、中学に入ると全く勉強をしなくなります。

　また受験勉強は中学合格のためだけと考えているお母さんは、「とにかく覚えなさい」とか「合格すれば好きなだけ遊ばしてあげるから」などと言って子供に勉強を強制する傾向にあります。**「とにかく覚えなさい」は子供の思考力をダメにするもっとも悪い指導法**です。また「合格すれば好きなだけ遊ばしてあげる」とか「合格すれば何でも欲しいものを買ってあげる」などと**報賞につられて勉強した子供は、これまた合格しようとしまいと、受験が終わったとたん勉強をしない子供になります。**

　さらに合格だけが目的であると「点数さえとれればどんなことをしても良い」と考えるようにさえなります。合格だけを目的とさせている一部の塾では、試験中に鉛筆をコツコツいわせたり、机をガタガタ揺さぶったりして、側にいる他の受験生のジャマをするように指導（？）している所もあります。他にも「こんなの簡単だな！」や「できたっ！」などと小声でささやいて他の子の集中力をそぐ方法もあると聞きます。受験会場で「○○塾」という幟をたてたり、生徒を集め

てはちまきを巻いて「エイエイオーッ」などと「ときの声」を上げているのも、受験会場のような場所ではマナー違反でしょう、自分の点数を上げるためだけの手段の１つです。合格だけが目的であると、こういう自己中心的な行為を当たり前のことだと思ってしまう非道徳的な子供になってしまいかねません。

　中学受験とはあくまでも長い人生における小さな目標の１つに過ぎません。それで人生が左右されるということは、本当はないのです。小学生の子供に絶対に必要なことは、有名中学に合格することではなく、将来に渡って伸びてゆく力を身につけることであり、学習に対する意欲を失わずに勉強に取り組んでゆけることです。ここのところを見誤ると、受験後、全く勉強に対する興味を失ってしまったり、後に反社会的な行動をとるようになったりする子供を作ってしまいます。現に私たちはそうして受験合格のためだけに進学塾に入れられて勉強を強制されダメになっていった子供をたくさん見ているのです。どうか本質だけは見失わないようにして頂きたいと思います。

■子どもの心を育てる大きな親の心

　塾の先生がいくら子供と信頼関係を深めたといっても、お母さんと子供の信頼関係に勝ることはできません。子供にとって、特に小学生の子供にとって、お母さんは自分を保護してくれる存在であり、最も良き理解者なのです。その最も良い理解者であるはずのお母さんが、もし自分のことを十分に理解してくれていないとしたらどうでしょう。子供の心は大きく傷付くのではないでしょうか。

　たかだか小学生のある時点での中学入試模擬テストの成績が良かろうと悪かろうと、子供の能力が優れていたり劣っていたりすることを表したものではありません。発達段階の早い遅いはあっても、本来それが将来を左右するようなことは決してないのです。ですからお母さんは、宣伝やうわさにだまされず、子供を信じて、励ましたりほめたり、場合によっては上手に叱ったりなどして頂きたいのです。

　点数や偏差値など目先の細かい数値にとらわれていると、せっかく伸びる素質をもった子供の芽を摘んでしまうことにもなりかねません。私たちはそういう実例を数多く見てきた体験者ですので、どうかお母さんには大きな心でどっしりと子供を見て頂きたいと、心からお願いするのです。

M.access　　　　　　　　　　　新・中学受験は自宅でできる

第十二章、子供の学力を伸ばしてくれる良い学習塾

■学習塾は営利企業だ

　多くのお母さんは、学習塾というものは「教育機関」であると思っていらっしゃるのではないでしょうか。いいえ、それは間違いです。**学習塾は「私企業」で、あくまでも営利を追求する存在なのです。**

　「教育機関」であるならその最大の目的は子供の学力を伸ばすことです。特に公の教育機関であれば、経営という心配ごともありませんので、純粋に子供の学力を伸ばすことに邁進できます。

　しかし学習塾は「教育機関」ではなく「私企業」なのです。「企業」ですから最大の目的は「利益を上げること」です。学習塾の最大の目的は「教育」ではなく「利益」ですので、**仮に教育効果には疑問があることでも、儲かることであればしてしまうのが「私企業」である学習塾の本当の姿です。**

　利益を上げることができなければ企業として成り立たないので、利益を第一に考えるのは企業の宿命です。ですから私企業である学習塾にとってたくさんの利益を上げることは「善」であって、学習塾が利益をまず第一に考えることを責めるわけにはいきません。公立の学校とは違い、学習塾とはそういうものだと割り切って、**子供にとってよりよい塾を選んで上手に利用するのだという心構えが必要です。**塾の宣伝文句を真に受けたり、塾の言いなりになっていれば、高い月謝を払いながら、子供の能力は伸びなかった。伸びないだけならまだしも、かえって勉強の悪いクセがついたり、勉強に対する意欲をなくしたりしたというようなことになりかねません。そういう事態にならないためにも、賢明なお母さんであるなら、塾の一方的な広告や他人のうわさなどを信じないで、ご自分で塾の善し悪しを判断し、塾を上手く利用するようにして頂きたいと思います。

■学習塾チェック項目１０

　あなたの子供さんが通っている（あるいはこれから通おうと考えている）学習塾について、次の１～１０の質問の「はい」か「いいえ」かに○印をつけてお答え下さい。

M.access　　　　　　　　- 84 -　　　　　　新・中学受験は自宅でできる

	はい	いいえ
1、保護者面談、電話相談などの回数が多い。	**はい**	いいえ
2、塾内テストの成績で、クラスや席順が決まる。	はい	**いいえ**
3、他の学習塾や習いごとなどをかねて受講することができる。	**はい**	いいえ
4、宿題がたいへん多い。	はい	**いいえ**
5、1科目、1講座だけの受講が可能である。	**はい**	いいえ
6、分教室がいくつもある。	はい	**いいえ**
7、成績に関わらず、自分の志望校を受験することができる。	**はい**	いいえ
8、合格実績が宣伝に使われている。	はい	**いいえ**
9、礼儀作法など、勉強以外の指導もしている。	**はい**	いいえ
10、良いうわさも多いが、悪いうわさも多い。	はい	**いいえ**

解答欄のうち、灰地の部分に○をつけたものの数を合計して下さい。

10〜9　子供を安心して通わせることのできる学習塾です。指導方針や先生の人柄(ひとがら)が気に入れば、入塾して良いでしょう。

8〜7　およそ信頼できる学習塾のようです。よく吟味(ぎんみ)して、子供に合いそうであれば、入塾しても良いでしょう。

6〜4　少々信頼するに足らない学習塾のようです。特定の1科目だけ受講する、あるいは模擬テストだけ受験するなどなら、良いかも知れません。

3〜0　通わせるのはやめた方が良いでしょう。このような塾に通うことによって、かえって思考力が落ちたり、悪いクセがついて学力が下がる恐れがあります。詰め込み授業により一時的に成績が上がったように見えることもありますが、長い目で見れば決して良い結果にはならないでしょう。

1、保護者面談、電話相談などの回数が多い

　先生は、生徒の状況を良く把握(はあく)していないと、面談したり電話相談を受けることができません。反対に、面談や電話によって家庭や学校での状況を把握することによって、より良い生徒指導ができます。学習塾にとってお母さんとの面談や電話相談はなくてはならないものです。これをなおざりにしている塾では、本当に生徒のためになる指導ができないでしょう。

　それに、面談や電話相談は塾にとって大変コストのかかるものです。ですから儲けることを主眼においている学習塾では面談や電話相談などが少ない傾向にあ

ります。

2、塾内テストの成績で、クラスや席順が決まる

　テストの成績でクラスや席順を決めるのは、より良い教育を目指したものではなく、ふるい効果を狙ってのものだとすでに述べました（「第一章、ふるい（篩）効果（P８）」参照）。まれに一部の子供には有効なことがありますが、ほとんどの場合悪い結果しか生じない、成績によるクラス分けや席並べをしている学習塾は避けた方が賢明です。

　また、「競争」が子供（人間）の成長に悪い影響を与えることも、近年わかってきています。スポーツの世界でも、一流の選手ほど「競争」しません。能力を上げることは、あくまでも自分の「成長」であって、他者と比較しての「競争」ではないからです。

　成績によってクラス分けや席順を決めることは、必要以上の「競争」をあおっていることで、それは人間の成長にとってたいへん悪いことなのです。

3、他の学習塾や習いごとなどをかねて受講することができる

　今かよっている塾とは別に、よその学習塾や、野球・サッカーなどのスポーツ教室、音楽・美術教室などに平行して通うことを禁止している塾があります。これは学習塾の企業としての戦略に過ぎません。よその塾やスポーツ教室へ通うことは、それだけ生徒が自塾に通ってくれる日数が減る、つまり自塾に払ってもらえる月謝が減ることを意味しているからです。

　それに、学校ならば一旦入学してしまえば、よその学校がよりよい学校であっても簡単に転校することはできません。しかし学習塾の場合、もしよその塾へ通って、そちら塾の方が質の良い指導をしていた場合、今の塾をやめて良い方の塾にかわるのは当然のことでしょう。自分たちの指導に自信を持っている学習塾なら、他の学習塾と比較されても全く構わない。むしろよその塾と比較して自分たちの塾の良さを分かっていただけるなら、かえって良いことだと考えています。しかし、**自分たちの指導に自信のない塾は、自塾と並行して他の塾に通われることを、極端に嫌います。**他の塾に通うことを禁止している学習塾は、自塾の指導に自信がないことの裏返しとも言えます。

　ほんとうのところは、勉強だけをするより、スポーツでも音楽でも芸術でも、

勉強以外のことを並行して行った方が、勉強のそのものの時間は少なくなるにも関わらず、勉強の効率が良くなることが、科学的検証によってわかってきています。入試直前まで、スポーツやさまざまな習い事をしている子供の方が、受験の結果（および受験後の生活全般）が良いことを、私たちは経験で知っています。

4、宿題がたいへん多い

これも先に述べました通りふるい効果をねらってのものに過ぎません。学習量は生徒に合った量を出すべきで、多すぎても少なすぎても良くありません。

5、1科目、1講座だけの受講が可能である

1講座でも受講可能という塾は、それだけ指導に自信を持っている証拠です。国語・算数・理科・社会がワンセットになっていて、4科目全て受講しなければならないという塾は、自塾の指導に自信がないことであり、またその方が収入が増えるという営業重視の姿勢が現れています。

6、分教室が幾つもある

学習指導の良し悪しは、先生の能力に左右されるところが多いものです。そして一人の先生の見られる生徒の人数には限界があります。いかに能力の高い優れた先生であっても、5教室も6教室もの面倒を見ることは物理的に不可能です。したがって何教室もの分教室を持っている学習塾なら、各教室の運営は実質それぞれの教室長や担当講師に任されていることになります。その教室長や担当の先生が良い先生であればいいのですが、多くは自分の意見を前面に出せないサラリーマン先生であったり、アルバイトの講師であったりします。

7、成績に関わらず、志望校を受験することができる

前述のように（「第三段階、入学試験における『ふるい効果』（P12）」参照）、自塾の合格実績を上げるために、生徒の志望する学校を受験させないことがあります。進学塾である以上、生徒の志望する学校を良くきいて、親身になって相談に乗ってくれる塾が良い塾です。

M.access　　　　　　　新・中学受験は自宅でできる

８、合格実績が宣伝に使われている

　難関中学の合格率が８０％を超えていたり、多人数が合格していると宣伝している学習塾があります。冷静に考えればこれがおかしいことにすぐ気付きます。高い合格率を出しているということは、ふるい効果を利用して合格の可能性のある子供しか受け入れていない（受験させない）か、あるいは数字をごまかしているかのどちらかです。（いくつかの大手進学塾の発表している、ある中学の合格者人数を合計すると、中学の発表している合格人数をはるかに超えていることはよくあることです。進学塾の発表している合格者人数は、信用できません）

９、礼儀作法など、勉強以外の指導もしている

　人として当たり前の道徳や礼儀などを無視した所に、学習指導は成り立ちません。「勉強さえできれば良い」という環境で育った子供は、大人になった時、社会に適応できない自分を知ることになるでしょう。道徳や礼儀作法以外にも、武道やスポーツ、音楽や絵画なども積極的に奨励している学習塾が、本当に子供のためを考えた学習塾です。

　ただし礼儀作法の指導を、自分たちに従わせるための道具として利用している塾には、気をつけてください。「こんにちは・さようなら」「ありがとう」「ごめんなさい」など当たり前の礼儀作法なら良いのですが、創業者の像や写真に頭を下げさせるなんてのは、ちょっと危険です。

１０、良いうわさも多いが、悪いうわさも多い

　生徒やお母さんは、**合格すれば当然良いうわさを流します**。生徒人数に比例して合格者の数も多くなりますから、生徒人数の多い学習塾では必然的に良いうわさがたくさん流れることになります。逆に**悪いうわさはなかなか流れにくいもの**です。なぜなら、受験に不合格であったことや成績が伸びなかったことは、積極的に人に話せることではないからです。

　そんなに**優れた学習塾でなくても、生徒人数さえ多ければ良いうわさは流れやすいもの**です。反対に少々**指導の良くない学習塾でも、悪評が立つことは少ない**のです。ですから、良いうわさはその信憑性に乏しく、悪いうわさには何らかの原因があると見て良いのです。良いうわさが多いからといって悪いうわさと相殺できることはありません。良いうわさがいくら多くても、悪いうわさが多い塾は

M.access　　　　　　　　　　- 88 -　　　　　　　　新・中学受験は自宅でできる

避けた方が賢明です。

エム・アクセス／認知工学

　　1989 年、京都の中心部、四条烏丸で教室開校。少人数指導ながら、難関中学・高校へ多くの合格者を送り出す。その中で、学習スタイルのみならず心にも問題を抱える子どもを目の当たりにし、それが進学塾の過剰な詰め込み指導によって起こっている事実を解明。

　　以来、子どもが将来にわたってより良く伸びるための学習指導を研究し続け、独自の指導法を開発している。オリジナルの問題集「サイパーシリーズ」は累計５０万部を超えるロングセラーとなっている。「考えること」に重点をおいた同シリーズは、教員・指導者の間からも高い評価を受け、小•中学校や大手個別指導塾、専門学校などでも採用されている。

教室のご案内は　エム・アクセス：075-256-7739　maccess@sch.jp　http://maccess.sch.jp
出版物のご案内は　認知工学：075-256-7723　ninchi@sch.jp　http://ninchi.sch.jp/

主な著書

石川久雄

中学受験は自宅でできる・サイパー ® 思考力算数練習帳シリーズ
　　　　　　　　　　　　　　　　以上 認知工学刊

天才ドリル 点描写神童レベル・天才ドリル ナンバーマトリックス
　　　　　　　　　　　　　　　以上 ディスカヴァー刊　　　　　　　　　他

水島 醉

マインドフルネス学習法 ®・サイパー ® 国語読解の特訓シリーズ・独断
　　　　　　　　　　　　　　　以上 認知工学刊

進学塾不要論・受験国語害悪論・国語力のある子どもに育てる３つのルールと３つの方法
　　　　　　　　　　　　　　　以上 ディスカヴァー刊　　　　　　　　　他

（※「サイパー ®」「マインドフルネス学習法 ®」は、株式会社認知工学の登録商標です）

新・中学受験は自宅でできる　-学習塾とうまくつきあう法-

平成３０年１０月１５日　初版　第１刷

著　者　石川久雄・水島 醉
発行所　株式会社　認知工学
〒 604-8155　京都市中京区錦小路通烏丸西入る占出山町 308　山忠ビル５Ｆ
☎（０７５）２５６—７７２３　ninchi@sch.jp　http://ninchi.sch.jp

ISBN978-4-901705-92-9　C-0037　H040118J

定価＝　本体８００円　＋税